D1854909

Gudrun Anger
Georg Bortfeldt

Kränze
aus Blüten und Früchten

100 Farbfotos
6 Zeichnungen

Verlag Eugen Ulmer
Österreichischer Agrarverlag

Vorwort

Liebe Leserin, lieber Leser,

Kränze sind als stimmungsvoller Türschmuck und ausgefallene Tischdekoration beliebt und das Kranzbinden ist ein Hobby, das Sie begeistern wird. Auch wenn Sie noch keine oder wenig Erfahrung darin haben, ist es schnell zu erlernen. Ich verspreche Ihnen, um die Kränze dieses Buches nachzuarbeiten, müssen Sie kein ausgebildeter Florist sein. Wenn Sie sich mit der Grundtechnik vertraut gemacht haben, werden Sie bald perfekt im Kranzbinden sein.

Der Abschnitt „Bindetechnik“ zu Beginn des Buches informiert Sie ausführlich in Schritt-für-Schritt-Anleitungen über die verschiedenen Möglichkeiten der Kranzherstellung.

Im Hauptteil „Kränze für jede Jahreszeit“ werden Sie für viele verschiedene Anlässe einen Kranz finden, der Ihnen gefällt und den Sie gern nacharbeiten möchten. Es ist ganz einfach – die verwendeten Bindematerialien sind genau aufgeführt und die Vorgehensweise bei der Anfertigung dieses speziellen Kranzes wird noch einmal anhand von Arbeitsschritten erläutert. Als zusätzliche Hilfe sind alle Kränze mit einem Signet gekennzeichnet, unter dem Sie die jeweilige Grundtechnik im Anleitungsteil wieder finden.

Alle Kränze wurden aus dem Blüten-, Blätter- und Früchteangebot hergestellt, das Sie in der jeweiligen Jahreszeit im Garten, in der Natur an Feldrändern, auf Wiesen und im Wald oder auch auf den Wochenmärkten und in den Blumenläden finden werden. Wenn die eine oder andere „Zutat“ nicht zu bekommen ist, weichen Sie einfach auf eine andere aus. In vielen Fällen habe ich auf Alternativen hingewiesen und auch Variationen der Kränze vorgestellt. Lassen Sie sich inspirieren! Sicher werden Ihrer Kreativität noch viele neue und andere Kränze entspringen, denn ich hoffe sehr, dass Sie nach der Lektüre dieses Buches Lust bekommen, Kränze zu binden, ob nun ähnlich den von mir vorgestellten oder ganz nach Ihren eigenen Ideen gestaltet.

Ich wünsche Ihnen viel Freude an Ihren Kränzen aus den Schätzen der Natur!

Hückeswagen, im Frühjahr 2000
Gudrun Anger

Inhalt

Kränze
bringen Glück und Segen

Der Brauch, die Haustür nicht nur zur Weihnachtszeit mit einem Kranz zu schmücken, ist mittlerweile weit verbreitet. Kaum jemand wird dahinter mehr als eine Geste des Verschönerns, des Schmückens mit Dekorativem vermuten. Dabei kommt dem Kranz aus Blüten und Blättern seit Menschengedenken eine besondere Bedeutung und Symbolik zu.

In der Antike war es zu sehr unterschiedlichen Anlässen üblich, Menschen, Tiere, Bäume, ja sogar Häuser und Gebrauchsgegenstände zu bekränzen. Die frischen Blüten und Blätter sollten ihre Kräfte übertragen, Glück und segensreichen Einfluss bringen, andererseits aber auch drohendes Unheil und bösen Zauber abwenden. Das ist übrigens eine Vorstellung, die wir heute wieder in jedem Buch über die fernöstliche Weisheit des Feng Shui nachlesen können.

So wurden Opfertiere bekränzt, Häuser zum Heil der Bewohner geschmückt, Brunnen zur Gesundung des Wassers sowie Tiere und Bäume zur Erhaltung ihrer Fruchtbarkeit mit Kränzen behangen.

Mit Rosen, Veilchen und Efeu bekränzten sich die Römer bei ihren Festgelagen, um sich vor Trunkenheit zu schützen und „das Gehirn zu kühlen“. Der Lorbeerkranz, der den heimkehrenden Krieger begrüßte, sollte dagegen Reinigung vom Blutvergießen bewirken – daraus wurde später der Siegerkranz, den wir von Julius Cäsar kennen.

Auch die Krone – Zeichen und Zierde der Könige und Hohepriester – ist ein stilisierter Kranz. Das Bekränzen des Kopfes ist heute allenfalls noch bei Kindern, die in einer Blumenwiese spielen oder aber als Schmuck einer Braut zu sehen. Doch selbst hier musste der ursprünglich übliche Rosmarin- oder Myrtenkranz in den meisten Fällen einem zarten Gebilde aus Stoffblüten weichen, das nur noch entfernt an einen Brautkranz erinnert. Vielleicht nehmen Sie die Anregungen dieses Buches auf und fragen die nächste Braut in Ihrem Freundes- oder Familienkreis, ob Sie ihr nicht einen wunderschönen, von Ihnen selbst gewickelten Blütenkranz oder einen echten Myrtenkranz für den großen Auftritt am Hochzeitstag schenken dürfen.

Lassen Sie sich verzaubern und erfreuen Sie sich an der Schönheit, dem Duft und der besonderen Ausstrahlung der Kränze und nehmen Sie ein wenig von den Segen verheißenden Kräften der Pflanzen mit in den Alltag unserer heutigen Zeit!

Bindetechnik

Der Kranz
auf klassische Art gewickelt

Die klassische Art einen Kranz zu wickeln, besteht darin, lagenweise auf einem die Form vorgebenden Reifen oder Ring Blumen oder Blätter und Zweige dachziegelartig anzubringen und durch Umwickeln zu befestigen. Ein gewickelter Kranz ist stabil und eignet sich sehr gut als Türkranz, ebenso als Adventskranz und als Grabkranz. Aber auch für zarte Kränze, wie einen Blumenkranz für Kinder oder einen bräutlichen Kopfschmuck, ist diese Art der Herstellung gut geeignet.

Alle Kränze im Buch, die nach dieser Technik hergestellt wurden, sind mit folgendem Signet gekennzeichnet:

STROHKRANZ ALS UNTERLAGE

Eine Strohkranzunterlage, in der Fachsprache „Römer“ genannt, wird besonders für Tür-, Advents- und Grabkränze gern eingesetzt und ist in diesen Fällen auch sinnvoll. Die Strohkränze werden preisgünstig in verschiedenen Größen im Fachhandel, aber auch im Bastelbedarf, angeboten. Bei der Wahl des Durchmessers sollten Sie bedenken, dass der fertige Kranz durch das Umwickeln mit Blumen und Blättern erheblich größer wird als die Unterlage. Im Handel gibt es auch Styroporkränze, ich verwende sie allerdings nicht. Zum einen aus Gründen des Umweltschutzes, zum anderen ist mir das Material unangenehm. Ein Kranz aus Stroh lässt sich mehrfach wieder verwenden und verrottet am Ende seines Daseins auf dem Kompost. Der Bindedraht kann ausgelesen oder vorher abgewickelt werden.

1 Die Unterlage aus Stroh lässt sich gut verarbeiten und hat den Vorteil, dass in dem nachgiebigen Material auch nach Fertigstellung des Kranzes nachträglich mühelos noch einzelne Blüten, Schleifen, Kerzen oder andere Dekorationsteile mit kleinen Drahtklammern (Haften) oder Steckdraht angebracht werden können und darin gut und sicher halten.
Für einen solchen auf einer Strohunterlage gewickelten Kranz, wie etwa einen Türkranz aus Immergrünen, wird folgendes Material benötigt:

2 Beim Wickeln immer von links nach rechts arbeiten, also gegen den Uhrzeigersinn. Die Kranzunterlage einige Male mit Draht zirkulär umwickeln, dabei fest anziehen und nun die erste Lage Grün auflegen und anwickeln. Dabei von außen nach innen arbeiten. Die erste Lage darf ruhig etwas buschiger und dicht sein, weil die letzte Lage der Kranzrundung später untergearbeitet werden muss.

MATERIAL

- evtl. grüner Floristenkrepp
- Zweige von Buchsbaum, Tannengrün oder anderes immergrünes Material
- Bindedraht auf Rolle
- evtl. einige Drahtklammern (Haften).

SO WIRD'S GEMACHT

Zweige vorbereiten und auf ungefähr 6 bis 7 cm Länge schneiden. Lange Zweige so teilen, dass die Schnittstelle nicht zu sehen ist. Bei einem großen Kranz können natürlich längere Stücke verwendet werden, bei einem Kranz in Türkranzgröße sollten möglichst keine langen Äste verwendet werden, der Kranz wirkt sonst leicht struppig. Wenn gemischtes Material benutzt wird, sollte jede Sorte für sich getrennt gelegt werden.

3

Den vorbereiteten Buchs auf der Hand vorsortieren, auflegen und mit der linken Hand festhalten. Mit der rechten Hand die Drahtrolle zwei-, besser dreimal um die Buchslage führen und fest anziehen.

4

Außen wird immer mehr Material als innen aufgelegt. Bei größeren Kränzen können außen sogar bis zu drei Lagen aufgelegt werden und erst dann eine Innenlage, weil der Kranz natürlich außen einen größeren Umfang hat als innen. Weiter Lage für Lage vorgehen und das Grün dachziegelartig auflegen. Dabei so arbeiten, dass die sichtbare Seite des Kranzes, also etwa 2/3 der Kranzrundung mit Grün bedeckt sind.

5

Den Draht immer wieder fest anziehen. Das Festziehen des Drahtes ist sehr wichtig, damit Ihnen der Kranz nicht auseinander rutscht und Sie von vorn beginnen müssen. Zwischendurch immer wieder kontrollieren, ob der Kranz auch gleichmäßig wird.

BINDEDRAHT

Bindedraht gibt es auch grün ummantelt. Der einfache Draht rostet und hinterlässt dann Spuren auf den Händen, ist dafür aber preiswerter und haftet dadurch, dass er rauer ist, besser auf dem Bindematerial.

6 Der Anschluss zwischen erster und letzter Lage erfordert etwas Geschick. Heben Sie die erste Lage etwas an und schieben Sie die letzte Lage Grün darunter. Anschließend alles mehrfach festwickeln.

7 Sollte das Ergebnis noch nicht Ihren Wünschen entsprechen, mit kleinen Buchssträußchen und Drahtklammern (Haften) nacharbeiten.

8 Ein etwa 20 cm langes Stück Draht stehen lassen, abschneiden und das Endstück auf der Kranzrückseite gut befestigen.
Sollten jetzt noch Lücken im Kranz sichtbar sein, werden diese einfach durch ein paar besonders schöne Ästchen kaschiert, die, wenn möglich, noch unter eine Drahtrunde gesteckt oder mit Haften befestigt werden.

TIPP

Wenn Sie längere Zweige der Länge nach teilen, schneiden Sie von unten nach schräg oben. So ist die Schnittstelle nicht zu sehen und Sie sparen Material.

Ein paar Blättchen, die aus der Reihe tanzen und das Bild stören, werden mit der Schere ein wenig nachfrisiert.
Nun geht's ans Dekorieren. Wenn der Anschluss von erster und letzter Lage beim ersten Kranz noch nicht so sauber geworden ist, befestigen Sie hier das Band für die Aufhängung und lösen so elegant das Problem.
Schleifen und andere Dekorationsteile sind ganz von Ihrem persönlichen Geschmack und Ihren Vorlieben abhängig und können variiert werden. Auch hier eignen sich Haften gut zur Befestigung.

BESONDERHEITEN BEI EINEM GROSSEN KRANZ

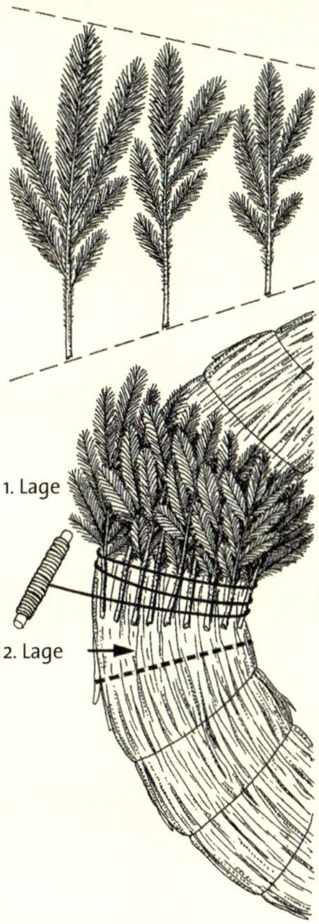

Bei einem großen Kranz, beispielsweise bei einem Adventskranz oder auch einem Kranz als Grabschmuck, muss etwas anders gearbeitet werden. Entsprechend der Größe des Kranzes müssen hier die Äste für die Außenlage länger geschnitten werden als für die Innenrundung. Auch hier wird, wie bei kleineren Kränzen, nur jede dritte bis vierte Lage vollständig aufgelegt. Die übrigen Lagen werden nur von außen bis etwa zur Mitte aufgebracht.

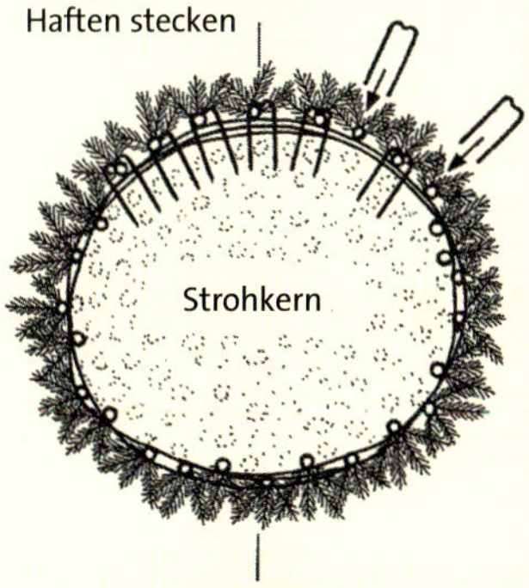

Ist der Kranz auch von unten zu sehen, wie etwa ein Adventskranz, der an der Decke hängt, wird zunächst so weit wie möglich von der Kranzrundung mit Grün umwickelt. Nach Fertigstellung des gewickelten Teiles werden im zweiten Schritt kleine Äste mit Haften auf die Kranzoberseite gesteckt. So wird die Kranzrundung geschlossen. Natürlich lässt sich der Kranz auch vollständig in Wickeltechnik herstellen. Dazu muss er jedoch bei jeder Grünlage auf die Vorder- bzw. Rückseite gedreht werden.

ZWEIGE ALS KRANZUNTERLAGE

Eine sehr einfache und kostengünstige Alternative zum Strohkranz ist eine Unterlage aus biegsamen Ästen.

TIPP

Auch für unterwegs ist die Kranzunterlage aus Zweigen „die Methode der Wahl“, – begeisterte „Kranzbinder“ haben immer eine Rolle Draht in der Tasche. So lässt sich sogar während eines Spazierganges ohne Mühe aus Blättern, Beeren, Rainfarn, Gräsern und allem, was sonst noch am Wegrand zu finden ist, ein wunderschöner Kranz binden.

1 Für diesen Zweck eignen sich Birken-, aber auch Weidenzweige und andere junge biegsame Zweige. Die Zweige werden auf die gewünschte Kranzgröße geformt, ein wenig miteinander verschlungen und mehrfach mit Bindedraht umwickelt.

2 Die Methode eignet sich gut für sperriges, voluminöses Material, das auf einer Strohunterlage viel zu dick würde, wie hier für den Kranz mit Blüten und Früchten des Spätsommers.

MATERIAL

- biegsame Zweige
- Bindedraht auf Rolle
- Blumen, Gräser, Blätter nach Wunsch und Angebot.

DRAHTRING ALS KRANZUNTERLAGE

Im Handel werden gewellte Drahtringe angeboten, die sich besonders dann sehr gut als Kranzunterlage eignen, wenn Sie sperriges Material verwenden möchten.

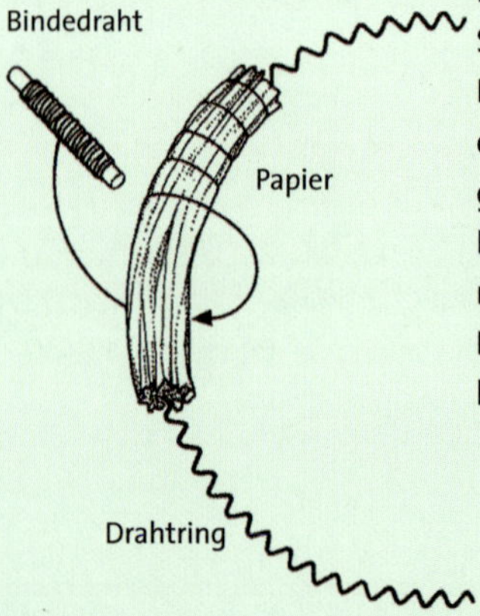

Mehr Halt beim Binden des Kranzes erreichen Sie, wenn Sie vor dem Wickeln etwas Papier oder Krepp mit Bindedraht auf dem Ring anbringen.
Im Übrigen können Sie genauso verfahren, wie beim Binden auf einem Weidenkranz.

EFEUKRANZ FÜR EILIGE

Für einen einfachen, aber edlen Kranz aus Efeu benötigen Sie nichts weiter als einige Efeuranken und etwas Bindedraht.

MATERIAL

- lange Efeuranken
- Bindedraht.

Die Efeuranken miteinander verschlingen, lange Ranken mehrfach darüber wickeln. Fertig ist ein einfacher, aber sehr wirkungsvoller Kranz, der sich auch in Verbindung mit Blumenarrangements vielseitig verwenden lässt und der in seiner Schlichtheit edel wirkt.

KOPFSCHMUCK FÜR BRÄUTE UND KINDER

Für einen Blütenkranz, der als Kopfschmuck dienen soll, benötigen Sie vier oder fünf dickere Blumendrähte oder auch eine Kordel, die einige Zentimeter länger sein sollte als der gemessene Kopfumfang.

TIPP

Floristenband bekommen Sie im Fachhandel. Sicher hat Ihr Florist das elastische Band vorrätig oder bestellt es gern für Sie.

MATERIAL

- 4 – 5 Stück dickerer Blumendraht oder Kordel
- elastisches Floristenband (ist auf dem Kopf angenehmer zu tragen)
- Blüten und Blätter.

Die Blumendrähte werden durch Ineinanderdrehen miteinander verbunden. Die Kordel wird je nach Stärke doppelt gelegt. Aus den gewählten Blumen und Blättern kleine Sträußchen binden und die Blütenstiele mit grünem elastischem Floristenband umwickeln und mit dem elastischen Band auf den Draht oder die Kordel binden. Dabei darauf achten, dass die Blüten die Stiele der vorangegangenen Lage überdecken. Gleichmäßig und ausgewogen arbeiten. Wenn der erforderliche Umfang erreicht ist, Drahtenden miteinander verbinden und mit Floristenband umwickeln.

Kränze
einfach gesteckt

Eine interessante und vielseitige Alternative zum gewickelten Kranz ist die Technik des Steckens mit Drahthaften auf einer Kranzunterlage aus Stroh.
Ohne große Kenntnisse und mit geringem Aufwand lässt sich auf diese Art und Weise ein schöner Kranz herstellen, der sich vom optischen Eindruck her durchaus mit einem nach klassischer Bindetechnik hergestelltem Kranz messen kann. Spröde und besonders empfindliche Materialien lassen sich besser stecken als wickeln, so ist in diesem Fall das Stecken mit Haften die „Methode der Wahl".

Alle Kränze im Buch, die nach dieser Technik hergestellt wurden, sind mit folgendem Signet gekennzeichnet:

IDEALE TECHNIK FÜR ANFÄNGER

Einen Kranz in der Technik des Steckens mit Drahthaften herzustellen ist auch für Anfänger einfach und schnell zu erlernen. Viele Kränze, die gewickelt werden, können alternativ auch gesteckt werden und umgekehrt. Wählen Sie deshalb die Technik, mit der Sie besser zurechtkommen!
Unter der Voraussetzung, dass Sie sorgfältig arbeiten, ist der gesteckte Kranz genauso haltbar wie ein gewickelter. Diese Technik eignet sich besonders gut zum Herstellen von Kränzen aus empfindlichem Material, das leicht bricht, oder von Kränzen aus stacheligem Bindegut, wie beispielsweise Ilex.

MATERIAL

Zusätzlich zum Bindematerial benötigen Sie für einen solchen Kranz:

- einen Strohrohling als Kranzunterlage
- spezielle gebogene Drahtklammern, so genannte Haften.

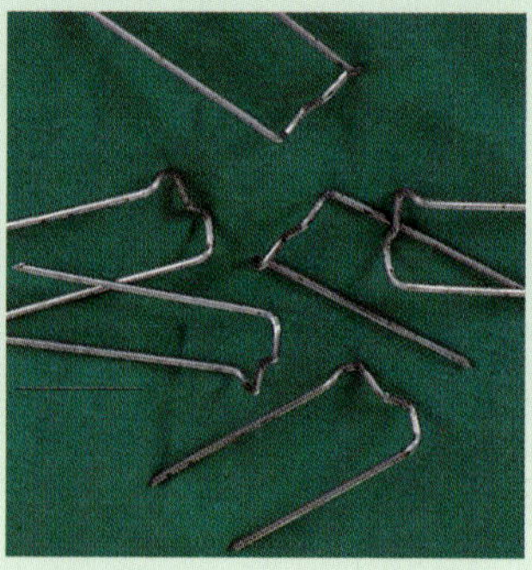

1 Diese Haften erhalten Sie im Fachhandel und auch im Bastelbedarf. Haften sind praktisch unerlässlich, wenn Sie einen Kranz in dieser Technik herstellen möchten. Die Haften sind an den Enden angespitzt und lassen sich daher sehr gut in die Strohkränze eindrücken.
Bei einem Kranz mit solch „stacheligem" Bindematerial, wie der Stechpalme (*Ilex aquifolium*), ist die Technik des Steckens mit Haften die beste Methode.
Gearbeitet wird vom Prinzip genauso wie bei der Wickeltechnik. Die Arbeitsrichtung spielt hierbei keine so große Rolle. Wenn Sie beim Stecken im Uhrzeigersinn arbeiten möchten, ist das theoretisch auch möglich, aber vielleicht ist es besser, wenn Sie doch grundsätzlich immer gegen den Uhrzeigersinn arbeiten.

2 Das Material wird vorbereitet. Große Äste Material sparend zerschneiden, lagenweise dachziegelartig auflegen und mit den Haften feststecken. Von außen über die Mitte nach innen gehend arbeiten. Auch hier muss sorgfältig darauf geachtet werden, dass der Kranz vollständig mit Bindematerial bedeckt wird. Das etwas „anspruchsvolle" Stück zwischen Kranzanfang und Kranzende lässt sich hier leichter schließen als bei einem gewickelten Kranz.

3 Das Ergebnis kann sich sehen lassen – ein gesteckter Kranz aus *Ilex*.

Blumensträuße *in Kranzform*

Ein Frischblumenkranz ist eigentlich ein Blumenstrauß in Kranzform. Er wird also so gearbeitet, dass die Blumen Wasser aufnehmen können.

Ein solcher Kranz ist auch für Anfänger sehr einfach und ohne großen Zeitaufwand herzustellen. Er eignet sich wunderbar als Tischdekoration. Besonders im Frühjahr und Sommer bietet sich diese Art der Kranzbinderei an. Da die Blütenstiele nur kurz sind, können sie das Wasser schnell aufnehmen, weshalb ein solcher Kranz meist wesentlich haltbarer ist als ein vergleichbarer Strauß.

Alle Kränze im Buch, die nach dieser Technik hergestellt wurden, sind mit folgendem Signet gekennzeichnet:

KRANZUNTERLAGE AUS DRAHT

Ich bevorzuge das von mir entwickelte „Spezial-Modell“ aus Draht. Es ist etwas unkonventionell, aber sehr praktisch. Diese selbst hergestellte Drahtunterlage kostet nicht viel und lässt sich immer wieder verwenden. Ein großer Vorteil des Drahtkranzes besteht darin, dass sich auch weiche Blumenstiele stecken lassen, ohne Schaden zu nehmen.

MATERIAL

- eine Unterlage zum Stecken, und zwar ein selbst gefertigter Kranz aus Maschendraht
- Blüten
- Blätter, kleine Zweige
- je nach Jahreszeit Moos oder anderes Füllmaterial.

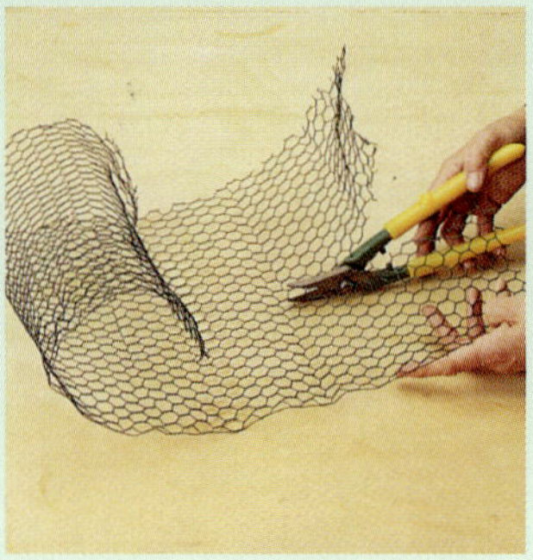

1 Mit der Drahtschere ein Stück kleinmaschigen, grün ummantelten Maschendraht (Kaninchendraht) von etwa 10 cm Breite und 70 bis 80 cm Länge (Umfang der Schale messen und einige Zentimeter Länge zugeben) zurechtschneiden.

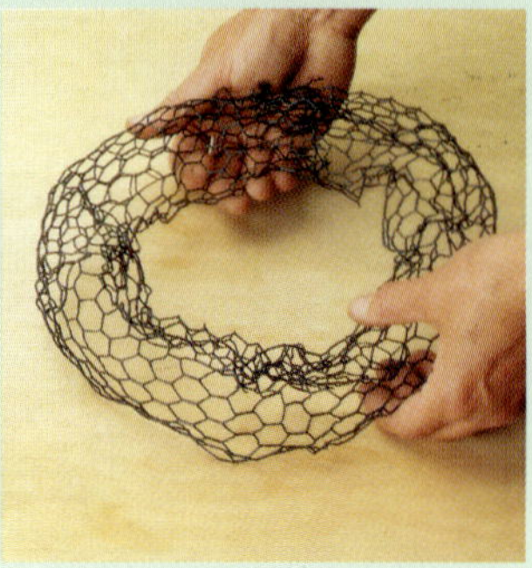

2 Aus dem Draht eine Wulst bilden und die Enden so ineinander schieben, dass ein Kranz entsteht, der gut in der Form Platz findet, die Sie für den Kranz als Wasserschale vorgesehen haben. Ich verwende gern die einfachen feuerfesten Glasschalen, die es in verschiedenen Größen (z. B. 27 cm und 30 cm Durchmesser) zu kaufen gibt. Die Glasschale hat den Vorteil, dass sie kaum zu sehen ist. Natürlich können Sie auch andere dekorative Schalen verwenden, die Sie zur Verfügung haben, oder sogar eine speziell für Kränze angefertigte Schale. Farbe und Material sollten aber nicht in Konkurrenz zum Kranz treten.

TIPP

Kleinmaschigen Draht, Kaninchendraht oder Kükendraht genannt, gibt es im Landhandel oder Baumarkt rollenweise, wenn Sie Glück haben, sogar vom laufenden Meter.

Den Kranz noch ein wenig zurechtbiegen, damit er richtig schön rund ist. Die Glasschale mit Wasser füllen, den Kranz hineinlegen und die Größe evtl. durch Zusammenschieben oder Auseinanderziehen an die Schale anpassen. Nun können Sie mit dem Stecken beginnen.
Vom äußeren Rand aus beginnen und so stecken, dass der Maschendraht nicht mehr zu sehen ist. Dann den inneren Rand verdecken. Nun arbeiten Sie sich langsam voran und bedecken nach und nach den gesamten Kranz mit Blüten und Blättern. Immer auch darauf achten, dass alle Blütenstiele bis in das Wasser reichen.
Zum Schluss noch einmal überprüfen, dass der Kranz schön gleichmäßig rund wirkt. Ist das noch nicht ganz gelungen, kann an den „unrunden“ Stellen mit einigen zusätzlichen Blüten nachgebessert werden.

Und – ist er nicht schön geworden, Ihr Kranz ...?

TIPP

Wenn keine Blumen in verschwenderischer Fülle zur Verfügung stehen, wird Material zum Füllen benötigt. Im Sommer bieten sich duftige Blüten wie Frauenmantel, Wiesenkerbel oder Schleierkraut als „Lückenbüßer“ an, im Winter Moos und Rinde. Efeublätter oder ausgereifte Buchenblätter eignen sich sehr gut zum Abdecken des Kranzrandes und passen zu fast allen Blumenarrangements.

KRANZUNTERLAGE AUS FRISCHBLUMEN-STECKMASSE

Die Kranzunterlage stellt in diesem Fall eine kranzförmige Schale aus wasserundurchlässigem Material dar, die mit der grünen schwammartigen Frischblumensteckmasse ausgefüllt ist. Diese Kränze werden in verschiedenen Größen – von niedlich klein bis zur Grabkranzgröße – im Blumenhandel angeboten. Die Kranzunterlage ist einfach zu handhaben, sie kann allerdings höchstens zweimal verwendet werden. Dann ist die Steckmasse zerbröselt.

Ein weiterer Nachteil besteht darin, dass sich weiche Stiele nur nach Vorbohren mit einem Hölzchen stecken lassen. Für holzige Stiele, beispielsweise von Rosen, eignet sich die Steckmasse allerdings hervorragend.

MATERIAL

- Fertigkranz aus Steckmasse
- Blüten
- Blätter
- evtl. Hölzchen zum Vorbohren.

1 Die Steckmasse gut mit Wasser tränken.

2 Beim Stecken genauso verfahren, wie beim Drahtkranz. Von außen beginnen und den Rand vollständig mit Blättern oder Blüten (wenn Sie genug Blüten zur Verfügung haben, sonst nur Blätter) bedecken, ebenso den inneren Rand und erst dann die Mitte.

ACHTUNG

Bei wasserempfindlichen Tischplatten darauf achten, dass kein Wasser unter die Schale gelangt. Gegebenenfalls mit einer untergelegten Papierserviette schützen oder ein dekoratives rundes Tablett unter die Schale mit dem Kranz legen.

Die Blüten dekorativ auf dem Kranz verteilen und in den Steckschwamm einstecken. Bei weichen Stielen zunächst etwas vorbohren oder zusammen mit einem holzigen Stiel einschieben.

Für solche hübschen kleinen Kränze ist die Kranzunterlage aus Steckmasse besonders gut geeignet. Dieser „herzige" Kranz zum Valentinstag oder Muttertag besteht aus roten Rosen, Efeublättern und Dekoherzen.

TIPP

Bei den Frischblumenkränzen besonders sorgfältig darauf achten, dass das Wasser regelmäßig aufgefüllt oder ausgetauscht wird.

Kleine Einkaufsliste

Unverzichtbares beim Kranzbinden

Bevor Sie mit dem ersten Kranz beginnen, überprüfen Sie bitte Ihre Vorräte auf das Vorhandensein von ein paar Dingen, die beim Binden eines Kranzes unverzichtbar sind. Einiges wird sicher vorrätig sein, anderes werden Sie vielleicht besorgen müssen.

Bindedraht – auch Blumendraht genannt, erhalten Sie sowohl im Haushaltswarengeschäft als auch in den Hobbyläden und im Blumenhandel. Es gibt ihn auf der Rolle, einfach aber auch grün ummantelt. Der einfache Draht rostet und hinterlässt dann Spuren auf den Händen, andererseits haftet er aufgrund seiner rauen Oberfläche besser auf dem Bindematerial und ist meist auch wesentlich preiswerter. Probieren Sie aus, womit Sie besser klarkommen, und – legen Sie sich einen kleinen Vorrat an. Wenn Sie einen Kranz sorgfältig wickeln, werden Sie etwa eine 3/4 Rolle verbrauchen.

Floristenband – grünes Band in verschiedenen Breiten, auch elastisch oder als Krepp erhältlich. Es eignet sich gut, um den Strohkranz grün zu umwickeln, um vor dem Binden kleine Sträuße aus dem Bindegut herzustellen und auch zum Wickeln von Kränzen als Kopfschmuck. Floristenband wird im Fachhandel angeboten.

Haften – sind gebogene Drahtklammern, werden auch Krampen oder Agraffen genannt. Sie sind zum Kranzbinden unerlässlich. Die scharfen Spitzen dringen ohne Mühe in die Kranzunterlage – Vorsicht! Auch in die Finger! – und eignen sich gut, um Bindegrün oder Dekorationsteile wie Schleifen, Früchte usw. auf dem Kranz zu befestigen.
Haften gibt es im Hobbybedarf. Hier gilt, wie auch für Bindedraht und Strohrömer – wenn Sie größere Mengen benötigen, lohnt es sich vielleicht, ein Geschäft für Floristenbedarf oder eine Kranzbinderei ausfindig zu machen, um preisgünstiger einkaufen zu können.

Handschuhe – Blumenbinden ist ein Hobby, das die Hände stark beansprucht. Für feine Arbeiten wird jedoch ein gutes Gefühl in den Fingerspitzen benötigt – dann sind Handschuhe störend. Manche Früchte wie Hagebutten, Schlehen und Quitten sitzen aber an dornen- oder stachelbewehrten Ästen und auch Bindegrün wie Ilex hat scharfe Spitzen, an denen Sie sich verletzen können. Halten Sie deshalb nach ein paar Handschuhen Ausschau, die Ihre Hände schützen, ohne Ihre Bewegungsfreiheit einzuschränken.

Kaninchendraht – auch Kükendraht genannt. Feinmaschiger Maschendraht, mit dem Sie auf einfache Weise eine Steckunterlage für schöne Frischblumenkränze herstellen können. Ist im Landhandel oder im Baumarkt erhältlich.

Krampen – andere Bezeichnung für Haften.

Kükendraht – s. Kaninchendraht.

Messer – benötigen Sie zum Schneiden von Blumen und Zweigen. Wenn Sie ein Gärtnermesser, etwa eine Hippe besitzen, ist das wunderbar. Ein einfaches, scharfes Küchenmesser erfüllt denselben Zweck.

Scheren – davon benötigen Sie mehrere. Es gibt spezielle Floristenscheren. Eine gute Gartenschere, Rosenschere o. Ä. ist jedoch zum Schneiden von Blumen und Zweigen vollkommen ausreichend. Eine scharfe Haushaltsschere oder Bastelschere für Schleifenband ist sicher vorhanden.
Unbedingt notwendig ist eine Schere oder Zange, mit der Sie Draht schneiden können. Die meisten Gartenscheren nehmen das Schneiden von Draht nämlich sehr übel!
Wenn Sie eine neue Schere kaufen wollen, sollten Sie sich vorher beraten lassen, welche für Ihren Bedarf die richtige ist.

Steckdraht – Draht, meist in etwa 35 cm langen Stücken, wesentlich stärker als Bindedraht. Wird benötigt, um Früchte oder Samenstände anzudrahten und auf dem Kranz zu befestigen. Bekommen Sie im Fachhandel.

Steckschwamm – Frischblumensteckmasse, die Wasser aufnehmen kann. Kaufen Sie die grüne Steckmasse (Markenname Oasis oder Mosy), die graue ist für Trockenblumen gedacht und für frische Blumen ungeeignet. Im Handel können Sie bereits in Kranzform vorgefertigte Steckschwämme erwerben.

Strohkranz – in der Fachsprache „Römer“ genannt. Ist als Unterlage zum Wickeln unverzichtbar. Diese Kränze werden in verschiedenen Größen im Hobbybedarf oder im Blumenhandel angeboten.

Kränze für alle Jahreszeiten

Schneeglöckchen

machen das Herz froh . . .

Die ersten grünweißen Spitzen des Schneeglöckchens, die wie Lanzen aus dem Boden brechen, wecken in uns die Hoffnung, der Frühling werde bald kommen. Auch wenn der Winter jederzeit wieder mit klirrendem Frost und Schnee über die Natur hereinbrechen kann – wir wissen es besser: Kälte und Dunkelheit sind überwindbar ... Ein Kranz aus zart duftenden Schneeglöckchen für die winterliche Kaffeetafel ist einfach herzustellen und sicher so ungewöhnlich, dass er für Gesprächsstoff sorgen wird.

MATERIAL

- Drahtunterlage nach Anleitung
- Wasserschale
- Moos
- Efeublätter und Ranken
- Goldnessel
- Schneeglöckchen.

Der Schneeglöckchenkranz wird auf einer selbst gefertigten Drahtunterlage gearbeitet und ist einfach herzustellen. Die Anfertigung der Drahtunterlage ist im Technikteil „Frischblumenkränze" ausführlich beschrieben.

SO WIRD'S GEMACHT

Die Drahtunterlage nach der Anleitung zurechtbiegen und in eine mit Wasser gefüllte Schale legen. Den Drahtkranz großzügig mit Moos bedecken, dann Efeuranken, Efeublätter und Goldnesselzweige so dicht einstecken, dass die Drahtunterlage vollständig bedeckt und nicht mehr zu sehen ist.

Die Schneeglöckchen verteilen und so in das grüne Kranzbett stecken, dass sie gerade mit den Köpfchen herausschauen. Darauf achten, dass alle Blüten auch so in der Schale stehen, dass sie Wasser aufnehmen können. Wenn das Kranzbett aus Blättern und Moos sehr dicht ist, kann zunächst mit einem Stäbchen vorgebohrt und so der Weg für die zarten Stiele geebnet werden.

Die kleinen Glocken der Schneeglöckchen brauchen nur ein wenig Wärme – entweder die der Sonne oder die Wärme des Zimmers – und schon spreizen sich die drei Blütenblätter kokett und geben den Blick frei auf ein reizendes Unterröckchen mit grün bebändertem Volant.

Die Goldnessel ist ein guter „Füller" für Winter- und Frühlingskränze. Das silbergrau gezeichnete Laub harmoniert wunderschön mit weißen Blüten, so wie hier mit den Schneeglöckchen.

TIPP

Die zarten Blüten halten länger, wenn der Kranz über Nacht in einen kühlen Raum gestellt wird. Trotzdem werden die Schneeglöckchen nach ein paar Tagen verwelkt sein. Da der Grundkranz aus Grün aber noch lange schön ist, lohnt es sich, entweder die verblühten Schneeglöckchen gegen frische auszutauschen oder durch andere Blüten zu ersetzen. Vielleicht gegen weiße und gelbe Primelblüten, denn Primeln gibt es um diese Zeit schon in schöner Auswahl. Aber auch ganz ohne Blütenschmuck oder mit einer duftigen weißen Schleife dekoriert, macht der Kranz noch für lange Zeit einen guten Eindruck.

Immergrüner *Verwandlungskünstler*

Ein schlichter Kranz aus Buchsbaum ist für jede Jahreszeit geeignet. Mit einfachen Mitteln lässt er sich abwandeln und erhält so immer wieder ein neues Gesicht. Gelbe Blumen und helle Schleifen stimmen auf den Frühling ein, Schleierkraut und weiße Rosen machen den Kranz festtagsfein, Quitten, Äpfel und Nüsse gestalten ihn herbstlich und mit einer hübschen roten Schleife zaubert er im Dezember Adventsstimmung. Ein wirklicher Verwandlungskünstler ...

MATERIAL

Für den Grundkranz:

- Strohrohling
- Buchszweige
- Bindedraht.

Für den Vorfrühlingskranz als Dekoration zusätzlich benötigt:

- Mimosenzweige
- Efeublätter
- einige Zweige mit kleinen gelben Blüten, die Wachsblumen genannt werden
- farblich passendes Schleifenband
- kleine Vögelchen.

TIPP

Wenn die Dekoration des Kranzes unansehnlich geworden ist, wird sie entfernt. Der Grundkranz findet weitere Verwendung. Dem Licht ausgesetzt, verbleicht er im Laufe des Sommers und bekommt eine interessante Farbe. Vielleicht findet er im Garten noch ein hübsches Plätzchen, das er aufwerten kann. Wer einmal durch Holland gereist ist, dem werden sicher die vielen kleinen liebevoll zusammengestellten Arrangements vor den Häusern aufgefallen sein. Sehr oft ist ein Kranz mit einbezogen und ziert zusammen mit Tontöpfen, Tieren aus Terrakotta und blühenden Pflanzen einen kleinen Tisch oder eine Bank. Zu Weihnachten kann der Kranz nach einer Radikalkur mit Gold- oder Silberspray noch einmal einen großen Auftritt bekommen.

Buchszweige auf die richtige Größe (7 bis 8 cm) zurechtschneiden. Den vorbereiteten Buchs auf der linken Hand vorsortieren und lagenweise dachziegelartig auflegen. Wie in der Grundanleitung für gewickelte Kränze beschrieben, Bindedraht mehrfach über die Buchslage führen und den Buchs auf dem Kranz festwickeln. Den Draht immer wieder kräftig anziehen, damit das Grün nicht auseinander rutscht.

Wie in der Anleitung beschrieben, weiter vorgehen und nach Fertigstellung des Grundkranzes Efeublätter, Mimosenzweige und kleine Zweige der „Wachsblumen“ mittels Haften aufstecken. Mit einem Band als Aufhängung und einer farblich passenden, hübsch gebundenen Schleife dekorieren. Wenn Ihnen die kleinen Vögel als Dekoration gefallen, stecken Sie diese zum Schluss auf. Vielleicht haben Sie aber auch andere „frühlingshafte“ Dekorationsideen, die Sie umsetzen möchten.

Die kleinen duftenden Bällchen der Mimosen trocknen nach ein paar Tagen etwas ein, behalten aber die Farbe und sehen noch lange Zeit attraktiv aus. Auch die Blüten der Wachsblumen bewahren ihr hübsches Aussehen im trockenen Zustand. Diese Blüten sind also gut geeignet für einen Türkranz in der Vorfrühlingszeit.

Der einfache Kranz wird mit einem Tuff Gänseblümchen und einer duftigen gelben Schleife zum frühlingsfrischen Willkommensgruß.

Viele kleine Zierquitten sind eine schöne herbstliche Dekorationsidee für den Kranz aus Buchs. Die Quitten werden mit einem Steckdraht oder einer aufgebogenen Hafte befestigt und so in den Kranz gesteckt, dass sie nicht herausfallen können.

Gänseblümchen
in Frühlingsstimmung

Einen Hauch von Frühling zaubert dieser Kranz aus den gefülltblühenden Gänseblümchen in Rosa und Weiß, den himmelblau leuchtenden Vergissmeinnichtblüten, den Ranken von Immergrün und den hübschen blauen Hornveilchen auf den Tisch. Als Dekoration für das gemütliche Sonntagsfrühstück oder den liebevoll gedeckten Kaffeetisch ist er daher wunderbar geeignet. Dieser Kranz wurde auf einer Kranzunterlage aus Frischblumensteckmasse gearbeitet und kann auch von weniger geübten Hobbyfloristinnen einfach hergestellt werden.

MATERIAL

- Kranzunterlage aus Steckmasse
- Ranken von Immergrün
- Vergissmeinnichtblüten
- Gänseblümchen
- Hornveilchen.

Dieser Kranz wurde auf einer fertigen Kranzunterlage aus Frischblumensteckmasse gesteckt. Ebenso gut können Sie hier eine Unterlage aus Draht verwenden, die Sie, wie in der Grundanleitung beschrieben, herstellen.

SO WIRD'S GEMACHT

Blumenmaterial zurechtlegen bzw. schneiden, die Steckmasse wässern.

Zunächst die Immergrünranken frisch anschneiden und in die Steckmasse einstecken. Den Rand des Kranzes damit bedecken. Wenn die Ranken sehr lang sind, in der Mitte mit einer Hafte fixieren.

TIPP

Gänseblümchen und Hornveilchen werden nur selten als Schnittblumen angeboten. Hier können Sie sehr gut auf getopfte Pflanzen zurückgreifen, von denen es jetzt im Frühling eine große Auswahl gibt. Verwenden Sie bereits voll erblühte Pflanzen. Nachdem die Blüten, die Sie benutzen wollen, abgeschnitten sind, kann die Pflanze noch gut im Garten oder im Balkonkasten weiterwachsen und noch lange blühen.

Nun die Blüten auf dem Kranz verteilen. Die Stiele dieser Blüten sind ziemlich weich und daher ist es hilfreich, mit einem Hölzchen zunächst ein Loch in die Steckmasse zu stechen und erst dann die Blüten einzustecken.

Die Blüten so verteilen, dass keine Steckmasse mehr zu sehen ist. Sollten dazu nicht genügend Blüten vorhanden sein, mit ein paar Blättern die Lücken auffüllen. Als „Lückenbüßer" eignen sich auch die Blattstiele des Vergissmeinnichts.

Ein solch romantischer Kranz verträgt gut auch noch eine Schleife. Dazu farblich passendes Band zur Schleife binden und mittels Hafte auf der Steckmasse feststecken.

Buntes *Osternest*

Fröhlich bunt wie eine Wiese im Frühling leuchtet dieser Kranz aus Primeln, Gänseblümchen, Traubenhyazinthen, kleinblütigen Narzissen, Lungenkraut und Buchs. Weiß, Gelb, Violett und Blau, das sind die Farben, die um diese Zeit in der Natur dominieren. Die ausgesprochen österliche Note erhält der Kranz durch die kleinen Heunester, in denen ein hübsch gesprenkeltes Ei thront.

Ein Kranz, der schnell und einfach hergestellt ist und mit dem Sie Ihren Ostertisch liebevoll schmücken können.

MATERIAL

- Drahtkranz für Frischblumen
- Schale für Wasser
- Primelblüten bunt gemischt
- Gänseblümchen
- Traubenhyazinthen
- Lungenkrautblüten
- kleinblütige Narzissen
- einige Buchszweige
- kleine Heunester
- einige kleine Eier von Zwerghühnern oder Junghennen
- Steckdraht und Klebeband.

Dieser Kranz wurde auf einem Drahtkranz gesteckt und hält in einer mit Wasser gefüllten Schale viele Tage frisch.

TIPP

Wenn Sie Schwierigkeiten haben, kleine Eier zu bekommen, so können Sie im Bastelbedarf nach Kiebitzeiern aus Plastik suchen, die sind bereits hübsch gesprenkelt.

SO WIRD'S GEMACHT

Drahtkranz aus Maschendraht herstellen, wie in der Grundanleitung beschrieben. In eine Wasserschale legen. Blüten und Buchszweige zurechtlegen.

Die kleinen Eier kochen und mit einer Zahnbürste und Farbe aus dem Farbenkasten grüne und braune Sprenkel auftragen, damit das Ei wie ein echtes Vogelei gefärbt ist. Die Bürste dabei zunächst mit Farbe sättigen und dann mit der rechten Hand federnd über der linken Hand ausschlagen. Dann entstehen unregelmäßige und ganz natürliche Farbpunkte.
Aus einem etwa 15 cm langen Stück Steckdraht einen Bügel formen und diesen mit Klebeband am Ei fixieren (evtl. kann der Bügel auch mittels Klebepistole am Ei befestigt werden).
Aus Heu durch Ineinanderdrehen kleine Nester formen und die Eier in die Mitte der Heunester setzen.

Den Drahtkranz teilweise mit Moos bedecken. Bei Bedarf mit Haften oder Steckdraht etwas fixieren. Nun die Nester mit den „Kiebitzeiern" gleichmäßig auf dem Kranz anordnen und mit dem Steckdrahtbügel feststecken.

ACHTUNG

Die kleinen Frühlingsblumen haben oft nur kurze Stiele. Also beim Schneiden der Blüten unbedingt darauf achten, dass die Stiele lang genug sind, um an das Wasser in der Schale zu gelangen.

Die Lücken mit Buchszweigen und Frühlingsblüten auffüllen. Dabei vom äußeren Rand aus beginnen. Darauf achten, dass vom Drahtkranz nichts mehr zu sehen ist und auch alle Blütenstiele bis in das Wasser der Schale reichen.

Wenn nur wenige Blüten zur Verfügung stehen, den Drahtkranz zunächst vollständig mit Moos, Heunestern und Eiern bedecken und dann erst die Blüten gleichmäßig verteilen.

Die Frühlingsblumen für den Kranz können Sie nach Lust, Laune und Angebot zusammensetzen. Nur an die Farbpalette sollten Sie sich halten. Also bitte keine roten Primeln verwenden. Rot kommt um diese Jahreszeit in der Natur noch nicht vor.

Blumen *vom Wegesrand*

Jetzt im Frühsommer grünt und blüht es an allen Feld- und Wegrändern. Selbst viel befahrene Straßen und die Autobahn werden gesäumt von buntem Blütenflor. Solch ein Blumenangebot im Überfluss verlockt dazu, das Haus mit Blumen zu schmücken. Dieser schöne Kranz aus den leuchtenden Margeritensternen ist nach der Ihnen bereits bekannten Methode schnell hergestellt. Wenn er auf einer Unterlage aus Maschendraht gesteckt wird und die Blüten Wasser bekommen, bleibt der Kranz viele Tage frisch und Sie und Ihre Gäste werden viel Freude an dieser ausgefallenen Tischdekoration haben.

MATERIAL

- ein Kranz aus Maschendraht nach Grundanleitung
- eine Schale für Wasser
- ein üppiger Strauß Margeriten, als Alternative: bunte Feldblumen.

Ein solcher Kranz aus Margeriten lässt sich mit wenig Zeitaufwand herstellen und ist dennoch sehr wirkungsvoll und ausgesprochen lange haltbar.

SO WIRD'S GEMACHT

Einen Drahtkranz aus Maschendraht nach der Grundanleitung herstellen. Wenn Sie schon einmal einen anderen Kranz mit Frischblumen auf der selbst gefertigten Kranzunterlage hergestellt haben, können Sie selbstverständlich diese Drahtunterlage wieder verwenden. Eine Schale mit Wasser bereitstellen und den Drahtkranz hineinlegen.

Margeritenblüten dicht an dicht in die Drahtsechsecke stecken. Dabei die Blüten mit einem scharfen Messer vorher so einkürzen, dass sie gut im Wasser stehen. So weiterarbeiten, bis von der Kranzunterlage nichts mehr zu sehen ist und der Kranz gleichmäßig rund erscheint. Wenn der Kranz fertig ist, überprüfen, ob keine Lücken zu sehen sind. Sonst mit ein paar Blüten auffüllen, bis das Erscheinungsbild des Kranzes perfekt ist.

TIPP

Täglich den Wasserstand in der Schale überprüfen und gegebenenfalls Wasser auffüllen. Die Margeriten verbrauchen viel Wasser. Wenn der Kranz auf einer empfindlichen Unterlage steht, empfiehlt es sich, eine zweite Schale aus Metall oder Keramik unter die mit Wasser gefüllte Glasschale zu setzen, damit die Oberfläche Ihres Tisches keinen Schaden nimmt.

Eine wunderschöne Alternative zum Margeritenkranz ist ein bunter Kranz vom Feldrand mit Margeriten, Wiesenkerbel, Kornblumen, Mohn und einigen Ähren. Die Herstellung des Kranzes erfolgt wie beim Margeritenkranz, nur werden hier die Blüten bunt gemischt ganz nach Geschmack und Mengenanteil der einzelnen Blüten auf der Kranzunterlage verteilt.

TIPP

Beim Pflücken von Margeriten an Wegrändern habe ich festgestellt, dass die Blüten der Pflanzen an viel befahrenen Straßen geradezu „stinken", während Blüten von anderen Standorten zwar kräftig aber nicht unangenehm riechen. Wenn Sie eine empfindliche Nase haben, sollten Sie darauf achten!

Kräuterkranz *zu Johanni*

Nach altem Volksglauben haben die Kräuter, die zu Johanni, also zur Zeit der Sommersonnenwende, geerntet werden, besonders große Heilkraft. Zu allen Zeiten wurden daher für die Johanninacht, das ist die Nacht zwischen dem 24. und 25. Juni, Kräutersträuße und Kräuterkränze gebunden.

Nehmen Sie doch diesen schönen Brauch auf und binden Sie zu Johanni einen Kranz, der die Segens- und Symbolkraft von sieben verschiedenen Kräutern vereint: Johanniskraut, Rosmarin, Frauenmantel, Mädesüß, Holunder, Rose und Salbei.

MATERIAL

- ein Strohkranz
- Bindedraht
- Sträußchen von 7 verschiedenen Kräutern:
  Johanniskraut
  Rosmarin
  Frauenmantel
  Mädesüß
  Holunder
  Rose
  Salbei.

Dieser Kräuterkranz wurde nach klassischer Art auf einer Strohunterlage gewickelt, so kann er den Tisch schmücken oder als Türkranz verwendet werden. Getrocknet, ist der Kranz noch für lange Zeit dekorativ, weshalb sich der Aufwand an Zeit und Material für diesen Kranz bestimmt lohnt.

SO WIRD'S GEMACHT

Strohkranz und Bindedraht bereitlegen, von den Kräutern jede Sorte gesondert legen. Nun von den Kräutern kleine Sträußchen aus fünf oder sechs Stielen einer Sorte bilden, auf den Strohkranz auflegen und in gewohnter Weise festwickeln. Den Draht kräftig anziehen, schließlich soll der Kranz auch getrocknet noch stabil sein.
Bei der Auswahl der Kräuter müssen Sie sich nicht auf die von mir ausgewählten Arten beschränken. Wenn Ihnen ein anderes Kraut wichtig ist, so nehmen Sie dieses statt eines der von mir vorgeschlagenen. Aber sieben Kräuter, manchmal auch neun, sollten es sein – die Zahl ist im Volksglauben von großer Bedeutung.

TIPP

Wenn Sie den Kranz an liebe Freunde verschenken möchten, schreiben Sie die Heilwirkungen und die Wünsche, die Sie damit verbinden, speziell zum Anlass passend in Schönschrift auf ein besonders gestaltetes Blatt Papier.

1 **Frauenmantel** galt als starkes Zaubermittel, soll vor Dämonen schützen und wurde in der Alchemie zum Goldmachen eingesetzt. *Alchemilla vulgaris* (hier wurde *A. mollis* verwendet) ist aber auch das „Frauenkraut" überhaupt und soll bei vielerlei Frauenbeschwerden helfen. Als erstaunlichste und wirklich wundersame Wirkung fand ich beim Stöbern folgende: „Bringet verloren gegangene Jungfräulichkeit zurück".

2 Auch **Rosmarin** ist eine alte Kultpflanze. Schon die mittelalterlichen Troubadoure besangen Rosmarin als Kraut der Liebe, der Treue und immer währenden Freundschaft. Wer Rosmarin verschenkte, sagte damit: „Ich bin dir treu in Liebe ergeben!" Innerlich angewandt, hilft Rosmarin bei Depression, nervöser Erschöpfung und Kreislaufschwäche. Besondere Wirkung entfaltet Rosmarinöl bei rheumatischen Beschwerden. Und Rosmarin erhält die Jugend ... Dazu gibt es eine wunderschöne Geschichte aus dem 14. Jahrhundert:
„Die 72-jährige Elisabeth von Ungarn litt unter Gicht, Rheuma und Lähmungen. Durch Rosmarinbäder wurde sie nicht nur gesund, sondern auch wieder so jung und schön, dass der König von Polen um ihre Hand anhielt."

3 **Mädesüß** ist ein vielseitiges Heilkraut. Ein Auszug aus den Wurzeln wirkt adstringierend und bei Wunden heilend. Die Blüten enthalten Salizylsäure, also den Wirkstoff des Aspirins und wirken bei Fieber, Erkältung und Rheuma. Für den Duft des Mädesüß

ist Cumarin verantwortlich. So wurde das Kraut früher als Duftkraut im Haus verstreut.

4 **Holunder** gilt von alters her als das „medizinische Schatzkästlein des Volkes". Kein Wunder – Blüten und Früchte helfen bei fiebrigen Erkältungen, lindern Kopfschmerzen und beruhigen die Nerven. Äußerlich wirken die Blüten bei kleinen Verletzungen und Verbrennungen. Holunderzweige vertreiben Mücken und Ungeziefer. So wundert es nicht, dass der „Flieder", wie ihn die Norddeutschen nennen, in vorchristlicher Zeit der Göttin Freya geweiht war und Schutz und Zauberkraft bot.

5 **Salbei** ist seit dem Altertum als Heilpflanze bekannt. Der Name „Salvia", abgeleitet von lat. „Heil", deutet bereits darauf hin. Die vielfältigen Heilwirkungen, die auf den adstringierenden und entzündungshemmenden Eigenschaften beruhen, sind alle wissenschaftlich belegbar. Innerlich angewandt, wirkt er bei Verdauungsstörungen, nächtlichem Schwitzen, Speichelfluss, äußerlich bei Infektionen des Mundes und Zahnfleisches und bei Insektenstichen. Besonders gefallen hat mir folgendes Zitat aus einem alten Kräuterbuch: „Ein Kraut mit so vielen und wunderbaren Eigenschaften, dass der fleißige Genuss den Menschen unsterblich machet."

6 **Johanniskraut** gehört unbedingt in den Kranz. Magische Kräfte werden ihm zugeschrieben. „Wer das Kraut in der Johanninacht über einen Fluss oder ein Hausdach wirft, hat ein ganzes Jahr Glück und Gesundheit." Dass *Hypericum* gegen depressive Stimmungszustände hilft, ist wissenschaftlich gesichert. „Machet das Herze froh", so steht es in alten Kräuterbüchern. Ein kleiner Vorrat für schwere Tage kann also nicht schaden.

7 Die **Rose** ist nicht nur seit dem Altertum Symbolpflanze der Liebe und Verehrung, sondern auch ein heilkräftiges und stärkendes Kraut. Innerlich angewandt, wirken die Blüten, insbesondere von *R. gallica*, bei bakteriellen Infektionen und Lethargie.

Der Duft
von Rosen und Jasmin

Sommer und duftende Rosen, das gehört einfach zusammen. Und ein romantischer Kranz aus Rosen auf dem Kaffeetisch, was gibt es Schöneres?

In diesem Kranz sind die Rosen mit duftenden Begleitern gepaart: Nelken, Jasmin und Geißblatt.

Die gelbgrünen Frauenmantelwolken bringen die Farben der übrigen Blüten zum Leuchten.

Ein Kranz, der trotz seiner zarten Duftigkeit lange haltbar ist, weil er in einer Wasserschale liegt. Der Aufwand für seine Herstellung hält sich dagegen in Grenzen und lohnt sich allein schon für das wunderbare Dufterlebnis.

MATERIAL

- selbst gefertigter Drahtkranz
- Wasserschale
- Rosenblüten
- Frauenmantel
- Nelken
- Bauern-Jasmin
- Geißblatt.

Ich verwende bei Rosenkränzen gerne Blüten verschiedener Rosensorten, weil das sehr natürlich wirkt. Zwar sind bei diesem Kranz alle Blüten rosafarben, aber die Bandbreite der Farbe reicht vom zarten Weißrosa der 'Maiden's Blush' und der 'New Dawn' über das kräftige Rosa der Nelkenrose 'Pink Grootendorst' und der einfachen 'Rosa canina' bis zum Magentarosa der Englischen Rose 'Gertrude Jekyll'. Wenn Sie die Rosen für den Kranz kaufen müssen, können Sie selbstverständlich auch mit einer Sorte Vorlieb nehmen. Versuchen Sie aber Freilandrosen zu bekommen, für solche sommerlichen Rosenkränze sind diese sehr viel besser geeignet.

SO WIRD'S GEMACHT

Drahtkranz nach Grundanleitung formen und in eine Schale mit Wasser legen. Blumenmaterial nach Sorten getrennt zurechtlegen.

Zunächst den Kranz großzügig mit Frauenmantelblüten bedecken, sodass nur noch kleine Lücken im Kranz bleiben. Anschließend Nelken- und Jasminblüten auf dem Kranz verteilen und zwischen die Drahtmaschen der Unterlage stecken.

Geißblatt und Rosenblüten bilden den krönenden Abschluss und werden gleichmäßig angeordnet.
Achten Sie darauf, dass alle Blütenstiele auch im Wasser stehen.

TIPP

Wenn Sie diesen traumhaft schönen Kranz bereits zum Empfang Ihrer Gäste an der Haustür wirken lassen möchten, ist das durchaus möglich. Für kurze Zeit können Sie ihn an die Haustür hängen, wenn die Blüten des Kranzes gleich danach wieder ins Wasser gebracht werden.

Alle Blüten dieses Kranzes duften wunderbar und erfüllen einen ganzen Raum mit Wohlgeruch.
Freuen Sie sich auf ein Dufterlebnis der besonderen Art.

Zu allerletzt werden noch einige Rosenblätter am äußeren Rand des Kranzes eingefügt. Die glänzenden Rosenblätter sind das I-Tüpfelchen und machen den Kranz perfekt.

Wenn Sie das Wasser in der Schale regelmäßig nachfüllen oder erneuern, bleibt der duftende Kranz viele Tage schön, meist länger als ein vergleichbarer Strauß in der Vase.

Ist dieser Duft-Potpourri nicht herrlich? Der zarte Honigduft des Frauenmantels vereint mit dem würzigen Nelkenduft; der schwere orientalische Duft des Geißblattes in Harmonie mit dem süßen Jasminduft des *Philadelphus*, gekrönt vom unvergleichlichen Duft der Rosen. Das ist der Duft des Sommers ...!

Variante

Eine zauberhafte Variante des Duftrosenkranzes.
Die Rosen dominieren in diesem Kranz sehr stark und der Frauenmantel, der auch hier den Hintergrund bildet, ist kaum noch zu sehen. Neben zart rosafarbenen Rosenblüten wurden bei diesem Arrangement auch die Blüten einer kräftig rosaroten Sorte eingearbeitet.

Ährenkranz *als Erntesegen*

Bis in die heutige Zeit hat sich auf dem Lande der Brauch erhalten, mit der letzten Fuhre Korn, die bei der Getreideernte auf den Hof kommt, einen Kranz oder eine Krone zu binden und als Erntedank auf dem Hof aufzuhängen. Dieser Brauch reicht weit in vorchristliche Zeit zurück.

In diesem Kranz wurden reife Ähren von Hafer, Weizen, Roggen und Gerste dicht auf einen Strohkranz gewickelt. Mohn, Kornblumen und Kamille vom Feldrand wurden in den bereits fertig gebundenen Kranz gesteckt und setzen fröhliche Akzente.

MATERIAL

- Strohkranzunterlage
- Bindedraht
- Ähren von Roggen, Hafer, Gerste, Weizen
- Klebeband.

Dieser Kranz ist gewickelt, könnte aber auch ohne Probleme in der Technik des Steckens mit Haften hergestellt werden.

SO WIRD'S GEMACHT

Strohkranz und Bindedraht zurechtlegen. Die Ähren sollten möglichst noch nicht zu trocken sein, weil sie sonst leicht brechen. Eventuell können Sie die Ähren, eine halbe Stunde bevor Sie mit dem Binden beginnen, leicht mit Wasser besprühen. Die Ähren so einkürzen, dass noch etwa 8 cm Halm unterhalb der Ähre bleiben.

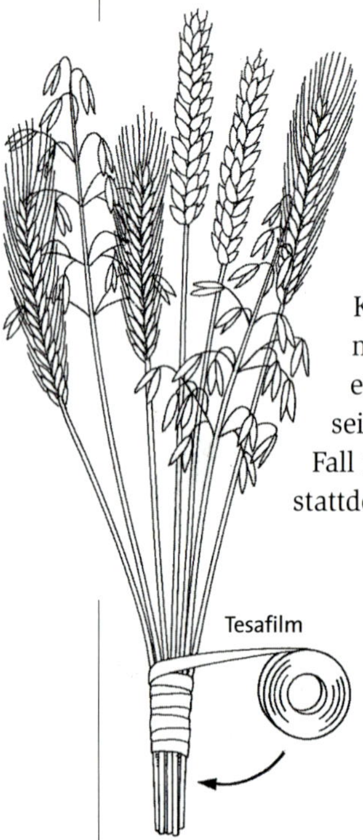

Aus den unterschiedlichen Getreidesorten ein gemischtes Sträußchen zusammenstellen, der besseren Haltbarkeit wegen die Halme mit Klebeband zusammenbinden. Der grüne Krepp, den die Floristen normalerweise verwenden, eignet sich aufgrund seiner Farbe in diesem Fall nicht. Verwenden Sie stattdessen Tesafilm.

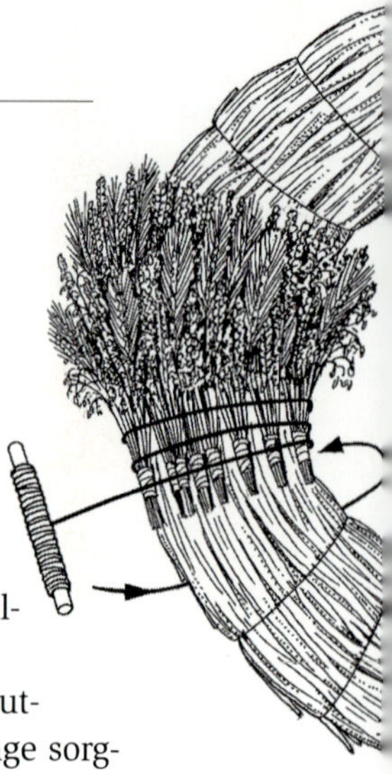

Die Ährensträußchen dachziegelartig auflegen und gut festwickeln. Das stramme Anziehen des Drahtes ist hier besonders wichtig, da die Halme sehr glatt sind und leicht herausrutschen. Lage für Lage sorgfältig aufwickeln. Die letzte Lage unter die Anfangslage arbeiten. Bei Bedarf zusätzlich noch mit einigen Draht-Haften sichern. Anfang und Ende des Drahtes gut miteinander verknoten, eine kleine Drahtschlinge für die Aufhängung formen und die Enden mit der Drahtschere abschneiden.

Mohnblüten, Kornblumen und Kamille auf dem Kranz verteilen und zwischen die Ähren stecken. Wenn

Ein Kornfeld mit Begleitflora. Kamille, Klatschmohn und Kornblumen sind längst nicht mehr an jedem Feldrain zu finden. Doch wer mit offenen Augen spazieren geht, wird trotz flächendeckendem Herbizideinsatz auch solche Bilder immer wieder erblicken können.

notwendig, zusätzlich mit Haften befestigen. Diese Blüten trocknen zwar schnell ein, bringen aber auch dann noch einen hübschen Farbtupfer in den Kranz.

TIPP

Wenn Sie nicht von allen Getreidesorten Ähren zur Verfügung haben, macht das nichts. Verwenden Sie das, was Sie bekommen können. Selbst eine Sorte allein aufgewickelt, kann sehr ausdrucksvoll wirken. Aus Gerste entsteht ein Strahlenkranz, eine richtige Aureole. Ein Kranz aus Weizen wirkt ganz kompakt, Hafer locker und fast duftig und ein Kranz nur aus Roggen wirkt edel. Sehr wirkungsvoll sind auch Dinkelähren. Die rötlich braune Farbe der Dinkelähre ist sehr attraktiv. Sollten Sie die Möglichkeit haben, sich Dinkelähren zu beschaffen, so probieren Sie es doch einmal aus!

Leuchtende *Sommersonnen*

Jetzt im Spätsommer dominieren im Garten die Farben der Sonne und des Sonnenuntergangs. Die Farbpalette reicht vom hellen Zitronengelb über strahlendes Sonnengelb bis hin zu sattem Orange und leuchtendem Rot. Es scheint, als hätten die Blüten von Sonnenblumen, Sonnenhut, Ringelblume, Färberkamille und Kapuzinerkresse die Sonne des Sommers gespeichert und gäben sie jetzt zurück. Strahlen die Blüten nicht selbst wie kleine Sommersonnen?

MATERIAL

- Drahtkranzunterlage
- Wasserschale
- Blüten von
  Sonnenblumen
  Sonnenhut
  Ringelblumen
  Färberkamille
  Wucherblume
  Kapuzinerkresse
  Dill.

Gelbe Sommersonnen in Hülle und Fülle …

Wenn Sie „Beschaffungsprobleme" haben sollten, kann die eine oder andere Art der Sommerblumen entfallen oder gegen eine andere aus dem verwendeten Farbspektrum ausgetauscht werden. Das Angebot ist ja jetzt sehr groß. So könnten auch Studentenblumen und Zinnien sehr gut Verwendung in diesem spätsommerlichen Kranz finden.

SO WIRD'S GEMACHT

Blumen aus dem eigenen Garten am frühen Morgen schneiden, wenn die Blüten noch frisch sind und noch nicht unter der Hitze des Tages gelitten haben. Kühl stellen. Gekaufte Blumen frisch anschneiden und tief ins Wasser stellen.

Drahtkranz nach Grundanleitung formen und in eine mit Wasser gefüllte Schale legen. Blüten mit einem scharfen Messer einkürzen und von außen mit dem Stecken beginnen. Wenn Sie

Dillblüten haben, beginnen Sie damit. Dill eignet sich gut als duftiger und auch duftender Hintergrund. Ersatzweise kann auf Frauenmantel (*Alchemilla*) oder die kanadische Goldrute (*Solidago*) zurückgegriffen werden. Blüten gruppenweise stecken, bis der Kranz vollständig bedeckt ist und schön rund wirkt.

1 **Wucherblume**
Von den Wucherblumen gibt es viele verschiedene Züchtungen. In diesem Kranz könnten auch andere als *Chrysanthemum segetum* Verwendung finden.

2 **Sonnenhut**
Im Beispiel wurde *Rudbeckia fulgida*, der Stauden-Sonnenhut, verarbeitet. Selbstverständlich eignen sich auch die einjährigen Sorten von *Rudbeckia hirta*.

3 **Sonnenblumen**
In diesem Kranz strahlt eine kleinblütige Sorte. Wenn eine größere eingesetzt werden soll, genügt bereits eine einzige Blüte, die dann wahrscheinlich besser wirkt.

4 **Ringelblume**
Von der Ringelblume (*Calendula officinalis*), der alten heilkräftigen Bauerngartenpflanze, gibt es viele Sorten. Hier wurde eine einfachblühende Sorte verwendet, die durch ihr dunkles Auge besticht.

5 **Kapuzinerkresse**
Die rankende Kapuzinerkresse (*Tropaeolum majus*) blüht den ganzen Sommer über üppig und hält sich gut in der Vase. Dass die Blüten ebenso wie die Blätter essbar und sogar ausgesprochen wohlschmeckend sind, ist allgemein bekannt.

Prächtiger Spätsommer

Lackrot glänzende Hagebutten von *Rosa rugosa*, der Kartoffelrose, sattgelbe Rainfarnblüten, die rubinroten Blätter einer Kirschpflaume, die dekorativen Samenstände der Sonnenblumen, pralle Mirabellen, schwarz glänzende Holunderbeeren, dunkelrote Brombeeren und die reifen Kapseln des Schlafmohns – die überquellende Fülle des Spätsommers findet in diesem Arrangement Ausdruck.

Ein Kranz, der einen dekorativen Tischschmuck abgibt, aber auch an der Haustür einen guten Eindruck macht. Dort werden sich besonders Ihre gefiederten Freunde darüber freuen und Ihnen regelmäßig Besuch abstatten.

MATERIAL

- Unterlage aus Weidenzweigen
- Bindedraht
- Hagebutten
- Rainfarn
- Samenstände von Sonnenblumen
- kleine Zweige mit Mirabellen
- Mohnkapseln
- rote Blätter, z. B. von einer Kirschpflaume
- Holunderbeeren
- Brombeeren.

Dieser Kranz wurde auf einer Unterlage aus Weidenzweigen gewickelt. Da das Bindematerial dieses Kranzes sehr voluminös ist, geht das sehr gut. Alternativ könnte der Kranz auch auf einer Strohkranzunterlage gewickelt werden. Dann sollten Sie aber weniger Material auflegen, damit der Kranz nicht zu dick wird.

SO WIRD'S GEMACHT

Material nach Sorten getrennt zurechtlegen und den Kranz nach den vorhandenen Einzelmengen planen. Wenn Sie nicht all das, was ich im Kranz verarbeitet habe, zur Verfügung haben, tauschen Sie diese Bestandteile gegen andere Früchte oder Samenstände. Das Angebot ist im Spätsommer mehr als üppig und Sie haben die freie Auswahl.

Mehrere Weidenruten oder andere biegsame Zweige nach der Grundanleitung zu einem Kranz in der gewünschten Größe formen und mit Bindedraht stabilisieren. Bedenken Sie bei der Größenentscheidung, dass der Kranz durch das voluminöse Material sehr viel größer wird, als die Kranzunterlage.

Aus dem Material kleine Bouquets formen, auf den Weidenkranz auflegen und anwickeln. Mehrfach mit Bindedraht umwickeln und dabei immer wieder fest anziehen. Besonders die Äste mit den Früchten gut befestigen, da sie schwer sind und bei ungenügender Befestigung aus dem Kranz rutschen würden.

1 Die saftigen Früchte einer wilden **Mirabelle**, die hier verarbeitet wurden, sind farblich nicht unbedingt erforderlich und könnten auch durch andere Früchte, wie kleine Wildäpfel oder Pflaumen, ersetzt werden. Haben Sie reichlich Hagebutten, kann auch auf weitere Früchte verzichtet werden. Richten Sie sich hier ganz nach Ihren Möglichkeiten.

2 Die Samenstände der **Sonnenblumen** tragen ebenfalls dazu bei, dass der Kranz beim Binden schnell wächst. Wenn Sie alle verblühten Sonnenblumen noch ein wenig in der Vase lassen und anschließend die äußeren

Blütenblätter und noch nicht abgefallene Blüten entfernen, können die dekorativen Scheiben mit den schwarzen Sonnenblumenkernen in herbstlichen Gestecken weitere Verwendung finden.

3 Die dicken **Hagebutten** von *Rosa rugosa*, die im Spätsommer und Herbst überall zu finden sind, ergeben ein wunderbares Bindematerial für alle Arten von floristischen Arrangements.
Sie haben zudem den nicht zu unterschätzenden Vorteil, dass sie bereits von sich aus schöne Tuffs bilden, daher beim Binden eines Kranzes sehr gut füllen und Sie somit schnell vorankommen. Die orangeroten, lackglänzenden Früchte sind zudem sehr attraktiv und bilden interessante „Hingucker". Manchmal sind die Hagebutten an der Oberfläche ein wenig „beschlagen". Polieren Sie die Früchte dann vorsichtig mit einem weichen Tuch, bis sie schön glänzen.

4 **Rainfarn** gehört zur Ruderalflora, d. h. er ist weit verbreitet und wächst an Wegrändern und Schuttplätzen oft in Massen. Er lässt sich in vielen Kombinationsmöglichkeiten verwenden und trocknet langsam ein, ohne Farbe und Aussehen zu verändern.

5 Die saftigen, schwarz glänzenden **Holunderbeeren** kontrastieren farblich sehr schön mit den übrigen Bestandteilen des Kranzes. Um diese Zeit sind sie in jeder Feldhecke zu finden. Vorsicht, der Saft macht auf empfindlichen Flächen hässliche Flecken!

TIPP

Als weitere Kranz-Füller sind in diesem Kranz Mohnkapseln und die Samenstände von Mädesüß und anderen Wildkräutern eingebunden. Hier ist Ihrer Fantasie keine Grenze gesetzt. Alles was gefällt, kann Verwendung finden. Das schöne rubinrote Laub stammt von einem Zierstrauch, einer Kirschpflaume (*Prunus cerasifera*). Stattdessen können aber auch andere rotlaubige Blätter und Zweige verwendet werden. Schön wirken Ranken von Wildem Wein. Binden Sie einfach nach Lust und Laune. Das Ergebnis wird immer prächtig sein!

Rosen
in herbstlicher Stimmung

Die herrlich burgunderrot gefärbten Blätter der Brombeere und die Hortensien in den herbstlich verwaschenen Farben verkünden, der Herbst hat Einzug gehalten. Zusammen mit den Blättern und Fruchtständen des Efeus entsteht eine Kranzkomposition, welche die leise Melancholie dieser Jahreszeit wiedergibt. Auf einer Strohunterlage gesteckt, ist der Kranz dauerhaft und behält seine Schönheit auch nach dem Trocknen noch für lange Zeit.

MATERIAL

- eine Strohkranzunterlage
- Drahthaften
- grünes elastisches Band
- Bindedraht
- Hortensienblütenstände
- Brombeerranken
- Efeublätter
- Efeufrüchte (Altersform)
- rosa Rosen.

Dieser Kranz wurde mit Haften auf den Strohkranz gesteckt. Wenn die Hortensien noch nicht zu trocken sind, könnte er auch mit Bindedraht auf dem Strohkranz gewickelt werden.

SO WIRD'S GEMACHT

Material zurechtlegen und sortieren. Zusammenstellung des Kranzes nach vorhandener Menge der einzelnen Materialien planen. Wenn ausreichend Hortensienblütenstände vorhanden sind, kann damit großzügig gesteckt werden, sonst evtl. mehr Efeublätter einplanen oder mit Brombeerblättern auffüllen. Kleine gemischte Sträuße aus dem Blumen- und Blattmaterial formen, die Stiele mit elastischem Band umwickeln und mit Haften feststecken. Darauf achten, dass die einzelnen Blüten und Blätter gleichmäßig verteilt werden. Kranzanschluss besonders sorgfältig arbeiten, Lücken können auch nachträglich noch mit einzelnen Blüten aufgefüllt werden. Das geht bei dieser Technik sehr gut. Wenn der Kranz nicht als üppige Tischdekoration, sondern als dekorativer Türkranz dienen soll, kann als Aufhängung eine Drahtschlinge angebracht werden. Eine zusätzliche Dekoration mit Schleifen erübrigt sich bei diesem Kranz eigentlich. Wer es barock mag, steckt jedoch noch eine dicke, farblich passende Taftschleife auf.

ROSEN

Rosen, die bereits am Verblühen sind, gibt es sehr preisgünstig, manchmal sogar geschenkt. Für einen solchen Kranz, der später sowieso trocknen soll, eignen sie sich noch sehr gut. Ich finde, diese voll erblühten „reifen“ Rosen sind hier sogar von ganz besonderem Reiz.

EFEU

Nur die Altersform des Efeus blüht und trägt Früchte. Sollten Sie keine Efeufruchtstände finden, können Sie auf Samenstände oder Gräser ausweichen. Auch die Brombeeren tragen um diese Zeit oft noch unreife Früchte, die Sie gut mit in den Kranz einarbeiten können.

HORTENSIEN

Bei der „Hortensienernte“ den richtigen Zeitpunkt abpassen. Wer schon einmal Hortensien getrocknet hat, weiß, dass die Blüten, wenn sie zu früh gepflückt werden, beim Trocknen unschön schrumpeln. Zum richtigen Zeitpunkt, im „Papierstadium“, bleiben sie dagegen auch im trockenen Zustand unverändert schön.

Herbstlicher Weidenkranz

Auf einem locker gebundenen Kranz aus Weidenruten und Efeuranken ist ein überaus dekoratives herbstliches Arrangement entstanden, das einfach nachzuarbeiten ist. Der Fruchtstand einer Sonnenblume, Samenkapseln des Schlafmohns, blau bereifte Schlehen, leuchtend rote Hagebutten und fruchtig duftende Zierquitten sind zwanglos auf dem Kranz angeordnet. Die gelben Chrysanthemen stehen in einem Nest aus Moos und Steckmasse und vervollständigen das Bild von überquellender herbstlicher Fülle.

MATERIAL

- ein Bund Weidenruten (Korkenzieherweide) für den Kranz
- ein oder zwei Efeuranken
- Schlehen
- Hagebutten
- Sonnenblumenfruchtstand
- Mohnkapseln
- einige Zierquitten
- drei oder vier Chrysanthemenstiele
- etwas Moos
- Frischblumensteckmasse
- Blumendraht und Steckdraht.

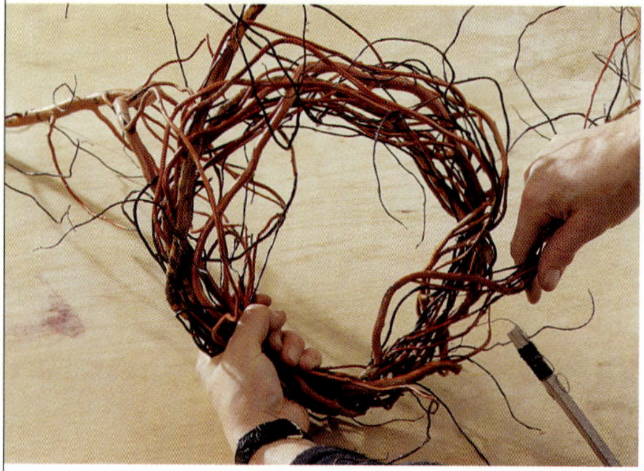

Weidenzweige mehrfach ineinander drehen und zu einem Kranz formen. Mit Bindedraht fixieren. Weitere Weidenruten hinzufügen und miteinander verschlingen.

Steckschwammblock wässern und die Kanten etwas abrunden. Große flache Schale – eventuell ein Metalltablett – als Unterlage für das Arrangement verwenden. Weidenkranz auf die Steckmasse legen und mit etwas Moos bedecken. Wenn der Kranz noch nicht richtig aufliegt, mit einem haarnadelförmig gebogenen Steckdraht fixieren. Die Efeuranken in die Steckmasse stecken und locker um den Weidenkranz winden. Dann die gelben Chrysanthemen einkürzen und in den Steckschwamm stecken. Die Sonnenblume daneben anordnen und im Kranz befestigen. Hagebuttenzweige auf einer Seite, die Schlehenzweige auf der anderen Seite einstecken, wenn notwendig mit Draht befestigen. Auch die Mohnkapseln stehen am besten im Steckschwamm.

Zum Schluss werden die köstlich duftenden Zierquitten auf dem Kranz befestigt. Wenn sie an einem Zweig sitzen, werden sie mit dem Zweig in den Kranz geschoben, ansonsten werden sie angedrahtet und dann befestigt.

TIPP

Zierquitten stehen in vielen Gärten und öffentlichen Parks und tragen zuverlässig jedes Jahr überreich Früchte, die sich ganz hervorragend für die Blumenbinderei in Herbst und Winter eignen. Die kleinen apfel- oder auch birnenförmigen Früchte sehen sehr dekorativ aus und duften wirklich herrlich.

TIPP

Den Steckschwamm feucht halten, damit die Blumen frisch bleiben. Wenn Sie den Steckschwamm in eine kleine Schale legen, die farblich nicht auffällt, können Sie beim Gießen großzügiger sein.

An keine Jahreszeit gebunden ist dieser freigestaltete Kranz. Apricotfarbene Rosen, Efeuranken, fruchttragende Efeuzweige und viel smaragdgrünes Moos lassen dieses Arrangement edel und festlich wirken.

Zitronenduft

für graue Novembertage

Ein Kranz aus glänzend grünem Blattwerk, prallen Zitronen und duftenden weißen Blüten weckt auch an einem grauen Novembertag Erinnerungen an die Sonne des Südens ...

Der Kranz ist schnell und einfach hergestellt und lange haltbar. Da wahrscheinlich nur wenige von Ihnen eine Orangerie besitzen und nach Herzenslust Zitronenblätter schneiden können, dürfen Sie ein wenig „mogeln“ und als Blattgrün Zweigspitzen von Kirschlorbeer verwenden ...

Die Zitronen werden mittels Holzspießchen oder Steckdraht befestigt, die wunderbar duftenden Blüten schenkt uns ein Zimmerjasmin.

MATERIAL

- Strohkranz
- Haften
- Holzspieße
- möglichst kleine Zitronen und/oder Limonen
- immergrünes Blattwerk von Kirschlorbeer, Salal oder Citrus
- Blüten von Zimmerjasmin.

Dieser Kranz wurde mit Haften auf der Strohunterlage gesteckt. Das geht schnell und einfach. Haltbarer ist der Kranz, wenn er mit Bindedraht auf der Strohunterlage gewickelt wird. Das ist besonders dann zu empfehlen, wenn der Kranz als Türkranz Verwendung finden soll. Für einen Tischkranz ist die zeitsparende Methode des Steckens mittels Haften vollauf ausreichend.

Beim Zitronenlaub darf ein wenig gemogelt und anderes immergrünes Laub verwendet werden. Kirschlorbeer (*Prunus laurecerasus*) eignet sich für diesen Zweck gut. Er ist in vielen Gärten zu Hause und nimmt es nicht übel, wenn Sie ein paar Zweigspitzen schneiden. Auch Salal, das die Floristen häufig als Bindegrün verwenden, kommt als „Zitronenlaub“ infrage.

TIPP

Bei diesem Kranz kann es sinnvoll sein, die Strohunterlage zuvor mit grünem Floristenkrepp zu umwickeln. Wenn Sie das Blattgrün sorgfältig und dicht aufstecken, ist das jedoch nicht notwendig.

SO WIRD'S GEMACHT

Strohkranz, Bindematerial und Zitronen zurechtlegen. Das Blattgrün in kleine Ästchen mit zwei bis höchstens fünf Blättern zerteilen. Dabei von hinten schräg nach oben schneiden, damit die Schnittstelle nicht zu sehen ist. So sparen Sie Material. Die kleinen Äste mittels Haften gut auf der Unterlage feststecken, bis der Kranz vollständig mit Blattgrün bedeckt ist.

Nun die Zitronen mit einem, größere Zitronen mit zwei Holzspießen versehen und schräg nach unten in den Strohkranz stecken und gleichmäßig über den gesamten Kranz verteilen. Limonen oder ein paar noch etwas grünere Exemplare lockern das Bild auf und verstärken die zwanglos natürliche Wirkung.
Die Blüten des Jasmins werden einfach eingesteckt. Natürlich sind sie

TIPP

Beim Einkauf der Zitronen möglichst kleine Früchte aussuchen und auch solche mit grünen Stellen oder auch ein paar Limonen auswählen. Früchte, die nicht gewachst sind, duften stärker, halten aber nicht so lange. Wenn Sie zum Befestigen Holzspieße verwenden, können die Zitronen in der Küche später noch Verwendung finden.

Eine üppige Dekoration mit leuchtend gelben, fruchtig duftenden Zitronen bringt südliche Stimmung und vertreibt Novembergrau.

nicht lange haltbar. Aber für ein paar Stunden sind Duft und Wirkung umwerfend.

Wenn Sie diesen Kranz als Türkranz verwenden möchten, sollte das Blattgrün, wie in der Grundanleitung angegeben, mit Bindedraht auf die Strohunterlage gewickelt werden. Die Zitronen werden dann mit Steckdraht, der etwas umgebogen wird, sicher befestigt. So kann verhindert werden, dass die Zitronen aus dem Kranz purzeln.

Festlicher
Apfelkranz zum Advent

Glänzende rotbackige Äpfel gehören zum Weihnachtszauber unserer Kindheit. Ein Kranz aus duftendem Tannengrün und leuchtend roten Äpfeln wirkt edel und romantisch zugleich und bringt ein wenig von der Weihnachtsstimmung unserer Kinderzeit zurück. Wenn Sie im Kränzebinden noch etwas ungeübt sind oder wenig Zeit haben, können Sie einen fertigen Adventskranz aus Tannengrün verwenden, den es jetzt überall preiswert zu kaufen gibt. Die Dekoration aus kleinen roten Äpfeln ist dann im Nu angebracht und Sie können mit einem ausgefallenen festlichen Kranz aufwarten.

MATERIAL

- eine Strohkranzunterlage
- Grün von einer Nordmanntanne (5 oder 6 große Zweige)
- Bindedraht
- einige Haften.

Alternativ, ein fertiger Kranz aus Tannengrün:

- Schaschlikspieße aus Holz
- 20 bis 25 kleine rote Äpfel.

SO WIRD'S GEMACHT

Strohkranz, Bindedraht und Tannengrün bereitlegen. Je nach Größe des Kranzes benötigen Sie ein Bund Tannengrün mit fünf bis sechs großen Zweigen. Achten Sie bereits beim Kauf darauf, dass die Zweige schön verzweigt sind, damit Sie viele Äste schneiden können.
Alle Äste auf eine Länge von 7 bis 8 cm schneiden.

TIPP

Sollten Sie einen fertigen Adventskranz verwenden, achten Sie unbedingt darauf, dass Sie frische Ware erhalten. Investieren Sie im Zweifelsfall lieber ein paar Mark mehr für einen frischgrünen, erst kürzlich gewickelten Kranz. Billige Supermarktware ist meist schon mehrere Wochen alt.

Längere Äste von unten nach schräg oben schneidend so teilen, dass die Schnittstelle nicht zu sehen ist und Sie zwei verwendbare Äste erhalten. So sparen Sie viel Material.

TIPP

Kleine Äpfel sind meist schwierig zu bekommen, die marktübliche Ware muss EG-Norm entsprechen und ist viel zu groß. Vielleicht versuchen Sie Ihr Glück auf einem Bauernmarkt. Die Äpfel mit einem weichen Tuch polieren, bis sie schön glänzen.

Nun den Bindedraht mehrfach um den Strohkranz wickeln, dabei ein längeres Endstück stehen lassen, das zum Schluss, wenn Sie die Runde schließen, mit dem Drahtende verknotet wird.

TIPP

Wenn Sie die Äpfel so wie hier mit einem Holzspieß und nicht mit Steckdraht befestigen, können sie, nachdem sie unansehnlich geworden sind, noch weiter verwendet werden und ein köstliches Apfelmus ergeben. Aus diesem Grund besprühe ich die Äpfel auch nicht wie die Profis mit Lack.

Die erste Runde Tannengrün auflegen und mit dem Draht anwickeln.
So weiter nach der Grundanleitung für gewickelte Kränze vorangehen, bis der Kranz vollständig rund ist.
Den Draht immer wieder fest anziehen, damit der Kranz stabil wird.
Anfang und Ende sorgfältig miteinander verbinden. Eventuell mit ein paar Drahthaften nacharbeiten. Die Drahtenden miteinander verknoten.

Die Äpfel mit einem Holzspieß von 8 bis 10 cm Länge versehen.
Äpfel schräg nach unten haltend in den Kranz stecken und schön gleichmäßig auf dem Kranz verteilen.
Ob Sie noch eine Schleife anstecken, entscheidet Ihr persönlicher Geschmack. Auch ganz schlicht und ohne zusätzlichen Schmuck wirkt der Kranz sehr edel.
In der Mitte kann noch eine dicke Bienenwachskerze Platz finden.

Traditioneller *Ilexkranz*

Ilexzweige sind in England und Nordamerika das traditionelle weihnachtliche Symbol. Die immergrüne Stechpalme mit den lederartigen, dornig gezähnten Blättern, je nach Sprachraum auch Hülse genannt, gehört aber auch bei uns zum klassischen Weihnachtsschmuckgrün und wird in der Vorweihnachtszeit auf den Märkten bündelweise angeboten. Dieser Türkranz aus grün glänzenden Ilexblättern und einigen Zweigen mit roten Früchten besticht gerade durch seine Schlichtheit und wirkt dadurch ausgesprochen dekorativ und festlich.

MATERIAL

- Strohkranz als Unterlage
- evtl. grüner Floristenkrepp zum Umwickeln
- Drahthaften
- Ilexzweige, möglichst einige mit roten Beeren
- rotes Schleifenband für Aufhängung und Schleife.

SO WIRD'S GEMACHT

Strohkranz zurechtlegen. Bei diesem Kranz ist eine Umwicklung mit grünem Floristenkrepp sinnvoll, damit die Strohunterlage nicht durchschimmern kann, besonders dann, wenn Sie den Kranz nicht ganz so dicht mit Ilexzweigen bedecken.
Bereits jetzt ein Stück Schleifenband für die spätere Aufhängung um den Kranz legen und verknoten.
Ilexzweige in kleine Teilstücke mit drei bis fünf Blättern zurechtschneiden. Dabei mit der Schere von unten schräg nach oben schneiden, damit die Schnittstelle nicht zu sehen ist.

TIPP

Sollten Sie keine Zweige mit Ilexbeeren bekommen, können Sie ersatzweise kleine Hagebutten verwenden.

Die kleinen Zweigstücke mit Drahthaften auf dem Kranz feststecken. Dabei von außen nach innen arbeiten. Möglichst dicht stecken. Je dichter Sie stecken, desto schöner wirkt der Kranz später.

Auch wenn Sie, wie ich, zu den Menschen gehören, die ungern Schutzhandschuhe an den Händen tragen, beim Arbeiten mit Ilex sind ein paar feste Lederhandschuhe unerlässlich! Die dornenbewehrten Blätter stechen höllisch. Ob das der Grund dafür ist, dass ein Kranz aus Ilex beim Floristen drei- bis viermal soviel kostet, wie ein Kranz aus Tannengrün? Offensichtlich bekommen auch Floristen „Gefahrenzulage“.

Wenn Sie viele Zweige mit den schönen roten Ilexbeeren zur Verfügung haben, können Sie die Fruchtzweige gleich mit einarbeiten. Bei einigen wenigen fruchtbesetzten Zweigen ist es besser, diese zum Schluss dekorativ auf dem fertigen Kranz zu verteilen, damit die leuchtenden Beeren auch gut zur Geltung kommen und nicht durch Blätter verdeckt werden.

Zum Abschluss eine Schleife aus rotem Band binden, eine Hafte unter dem Band durchschieben und die Schleife auf dem Kranz feststecken.

TIPP

Die immergrüne Stechpalme (*Ilex aquifolium*) wächst wild in den feuchten Laubwäldern Westeuropas. Aber bitte dort nicht schneiden, Ilex steht unter Naturschutz! Zur Weihnachtszeit gehört Ilex zum Schmuckgrünsortiment und wird überall angeboten.

Kerzenlicht
und Weihnachtsduft

Adventskranz – einmal anders. An jedem Dezembertag kann eine neue Bienenwachskerze angezündet werden, bis am Heiligen Abend alle 24 Kerzen brennen. Dieser wunderbar duftende Adventskranz besteht aus einem dicken Kranz aus Tannengrün, der dekoriert ist mit fruchtig duftenden Zierquitten, kleinen orangeroten Hagebutten einer Multiflora-Rose, getrockneten Orangenscheiben, Zimtstangen und Sternanis. Der köstliche Duft der Gewürze gehört ebenso wie das sanfte Licht der Kerzen zur Vorfreude auf das Weihnachtsfest.

MATERIAL

- Kranz aus Tannengrün, fertig gekauft oder selbst gewickelt
- 24 Bienenwachskerzen
- Steckdraht
- getrocknete Orangenscheiben
- Zimtstangenbündel
- Sternanis
- Zierquitten und einige Efeublätter oder kurze Ranken
- Goldkordel.

Dieser Kranz wurde mit Tannengrün auf einer Strohunterlage gewickelt. Selbstverständlich können Sie hier auch auf einen fertig gebundenen Adventskranz zurückgreifen und diesen dekorieren. Allerdings sollten Sie darauf achten, dass der Kranz wirklich frisch ist.

SO WIRD'S GEMACHT

Vom Steckdraht 24 Stücke von etwa 7 cm Länge abschneiden, über einer Flamme ein Ende des Steckdrahtes erhitzen.
Erhitztes Stück etwa 2 cm weit in die Kerzenenden schieben. Die 24 Kerzen auf dem Kranz verteilen und so in die Strohunterlage stecken, dass sie sicher stehen.

Die Zierquitten mit Steckdraht andrahten, kleine Tuffs aus Quitten und Efeublättern bilden und auf dem Kranz befestigen.

Steckdraht haarnadelförmig biegen und jeweils zwei Orangenscheiben zusammen auf dem Kranz feststecken.

Drei Zimtstangen mit Kupferdraht zusammenbinden, Endstücke zusammendrehen, etwa 4 cm lange Stücke stehen lassen und damit am Kranz befestigen.
Aus den kleinen Hagebutten Sträußchen bilden und diese dekorativ auf dem Kranz verteilen. Sternanis lose auflegen und zum Schluss die Goldkordel locker auf dem Kranz drapieren.

ACHTUNG

Unbedingt darauf achten, dass die brennenden Kerzen beobachtet werden und nicht vollständig abbrennen, damit sich der Kranz nicht entzündet!

Eine attraktive Variante des kerzenbesteckten Kranzes stellt dieser Kranz dar. Zusätzlich zu den Bestandteilen des Grundkranzes wurden Efeuranken locker um den Kranz geschlungen und leuchtend orangefarbene Lampionfrüchte mit eingearbeitet. Die blau bereiften Schlehen bilden einen schönen farblichen Kontrast zu den Gelb- und Orangetönen.
Die Orangenscheiben wurden in diesem Fall in Dreiergruppen angeordnet und mit Gewürznelken besteckt, die eine interessante weitere Duftnote beisteuern. Die orangerote Schleife passt perfekt in die Farbskala der verwendeten Früchte. Ein Kranz, der sowohl auf dem Tisch als auch an der Haustür stimmungsvolle Atmosphäre verbreitet.

TIPP

Getrocknete Orangenscheiben können Sie sehr gut selbst herstellen, wenn Sie kleine Orangen in feine Scheiben schneiden und diese im Backofen oder in der Mikrowelle bei geringer Hitze langsam trocknen. Auf einem Kachelofen oder über der Heizung werden die Orangenscheiben gut nachgetrocknet. In einer gut schließenden Blechdose aufbewahrt, können sie jedes Jahr zur Weihnachtszeit zu neuen Ehren kommen. Ein Tropfen Orangenöl frischt den Duft auf.

Kostbare Winterrosen

Die Blüten von *Helleborus niger*, der Schwarzen Nieswurz, zählen zu den schönsten und kostbarsten Blüten, die der Winter zu bieten hat.

Ist es nicht ein Wunder, dass die Natur in dieser Zeit Blüten von solcher Reinheit und beinahe überirdischer Schönheit hervorbringt? Die frischgrünen Efeublätter in den grünsamtenen Moospolstern bringen das makellose Weiß der Blüten zum Leuchten. Passend dazu sind die weißen Kerzen ausgewählt, die dieses überaus festliche Arrangement in sanftes Licht tauchen. Ein edler Kranz, an dem Sie lange Freude haben werden.

MATERIAL

- fertiger Drahtkranz mit Kerzenhaltern oder eine Frischblumenunterlage
- einige Efeuranken
- Efeublätter
- Moos
- Christrosenblüten
- evtl. kleine Glasröhrchen (Orchideenröhrchen)
- weiße Kerzen
- weißes Schleifenband
- Haften und Steckdraht.

Bei diesem festlichen Kranz wird ein Drahtkranz mit Kerzenhaltern verwendet, der mit Frischblumensteckmasse ausgefüllt wird. Wenn Sie Beschaffungsprobleme haben sollten, können Sie auf einen Kranz aus Frischblumensteckmasse zurückgreifen. Die Kerzen werden dann mit Kerzenhaltern in die Steckmasse gesteckt.

SO WIRD'S GEMACHT

Steckschaumblock wässern und Drahtkranz von der Rückseite mit feuchtem Steckschaum ausfüllen. In eine Schale legen.
Moospolster auflegen und den Kranz damit fast vollständig bedecken.

Dazwischen Efeublätter und auch mehrere Efeuranken in den Steckschaum stecken. Auch kleine Stücke von Baumrinde sehen dekorativ aus und eignen sich gut. Von der Drahtunterlage darf nichts mehr zu sehen sein.

Kerzenhalter mit ein oder zwei Efeublättern abdecken und die weißen Kerzen aufstecken.

TIPP

Die kostbare Winterschöne ist empfindlich und im warmen Zimmer nicht lange haltbar. Zumindest über Nacht sollten Sie ihr daher eine Erholungspause in einem kühlen Raum gönnen. Mit dem Ratschlag, die Stängel mit einer feinen Nadel einzustechen, um die Wasseraufnahme zu verbessern und somit auch die Haltbarkeit der Blüten, habe ich keine Erfahrungen gemacht. Probieren Sie es selbst aus! Regelmäßig Wasser nachfüllen, damit sich der Steckschwamm wieder vollsaugen kann.

Jetzt kommt der Auftritt der kostbaren Winterrosen. Blüten frisch anschneiden und dekorativ im Kranz anordnen. Dazu in die Steckmasse mit einem Holzspieß zunächst ein Loch bohren, damit die empfindlichen Blüten nicht beschädigt werden. Um eine schöne Wirkung zu erzielen, müssen Sie nicht unbedingt Blütenmassen zur Verfügung haben. Schließlich hat die kostbare Schöne auch ihren Preis. Bereits einige wenige Blüten erfüllen ihren Zweck und wirken als „Eye-Catcher".

TIPP

Das grüne Blattwerk des Kranzes ist sicher auch dann noch frisch, wenn die Christrosenblüten längst verblüht sind. Geben Sie dem Kranz doch eine neues Gesicht durch ein paar weiße Cyclamenblüten, vielleicht einer kleinblütigen Züchtung. Auch einige weiße Rosenblüten wirken zauberhaft und bringen Ihnen noch viele Tage Freude an diesem Kranz. Aber auch ganz ohne Blütendekoration kann sich dieser Kranz durchaus sehen lassen.

TIPP

Floristen empfehlen, die Christrosenblüten aus Gründen der Haltbarkeit in ein wassergefülltes Glasröhrchen zu stecken und dieses dann in das Kranzarrangement einzufügen. Solche Röhrchen aus Glas oder Kunststoff sind im Fachhandel zu bekommen. Vielleicht findet sich in Ihrem Haushalt auch ein passendes Röhrchen von Medikamenten oder Gewürzen.

Zum Schluss das Schleifenband zu einer dekorativen Schleife binden und mit einem haarnadelförmig gebogenen Stück Steckdraht im Kranz befestigen. Achten Sie in der Folgezeit darauf, dass regelmäßig Wasser nachgefüllt wird, damit sich der Steckschwamm immer voll saugen kann. Wenn die Christrosen verblüht sind, können ein paar weiße Rosenblüten ihren Part übernehmen. Auch sie wirken wunderschön.

Register

*Die fett gedruckten Seitenzahlen verweisen auf Fotos, die * auf Zeichnungen.*

Bildquellen

Fotos (Umschlag + Inhalt):
Georg Bortfeldt
Zeichnungen: Ernst Halwaß

Alle Angaben in diesem Buch wurden gründlich geprüft und recherchiert. Für die Richtigkeit der Angaben wird dennoch keine Haftung übernommen.

Impressum

Die Deutsche Bibliothek – CIP-Einheitsaufnahme
Anger, Gudrun: Kränze aus Blüten und Früchten / Gudrun Anger. – Stuttgart : Ulmer; Leopoldsdorf : Österreichischer Agrarverl., 2000
ISBN 3-8001-3159-5 (Deutschland)
ISBN 3-7040-1762-0 (Österreich)

Das Werk einschließlich aller seiner Teile ist urheberrechtlich geschützt. Jede Verwertung außerhalb der engen Grenzen des Urheberrechtsgesetzes ist ohne Zustimmung des Verlages unzulässig und strafbar. Das gilt insbesondere für Vervielfältigungen, Übersetzungen, Mikroverfilmungen und die Einspeicherung und Verarbeitung in elektronischen Systemen.

© 2000 Verlag Eugen Ulmer GmbH & Co.,
Wollgrasweg 41, D-70599 Stuttgart
(Hohenheim)
E-Mail: info@ulmer.de
Internet: www.ulmer.de

© 2000 Österreichischer Agrarverlag Druck- und Verlagsgesellschaft m.b.H. Nfg. KG,
Achauer Str. 49a,
A-2335 Leopoldsdorf
E-Mail: office@agrarverlag.at
Internet: www.agrarverlag.at

Lektorat: Dr. Angelika Eckhard
Herstellung & DTP: Silke Reuter
Druck und Bindung: Appl, Wemding
Printed in Germany

Bücher

Wenn Ihnen der Sinn nach mehr steht...

Weniger ist mehr! Nach diesem Prinzip gestaltet die bekannte englische Floristin aus einzelnen Blüten in originellen Gefäßen bezaubernd schlichte Arrangements, die perfekt in moderne Räume passen. Alle Arbeitsschritte von der Auswahl der Pflanzen bis zur Wahl des wirkungsvollsten Standortes werden beschrieben. Dazu viele Tipps zur Gestaltung und Pflege, damit Ihre Werkstücke sicher gelingen und lange halten. **Blumensolo.** *Minimalfloristik für moderne Räume. P. Pryke. 2000. 144 S., 248 Farbfotos. ISBN 3-8001-6675-5.*

Ob Artischocken, Maisblätter oder Ringelblumen, ob Rote Bete, Kirschen oder Zucchini – hier nehmen gewöhnliche Nahrungsmittel auf faszinierende Weise außergewöhnliche Form, Farbe und Gestalt an. Wer dabei Lust bekommt, nicht nur bei den Fotos zu verweilen, kann mit Hilfe der aufgelisteten Materialien selbst aktiv werden und sich dabei an den beschriebenen Arbeitsschritten orientieren. **Dekorieren mit Blumen und Früchten.** *61 floristische Werkstücke mit Arbeitsanleitung. R. Gijbels. 1999. 132 Seiten, 62 Farbf. ISBN 3-8001-5301-7.*

Außergewöhnliche Arrangements, die mit wenig Mitteln und ohne besondere Vorkenntnisse einfach nachzuarbeiten sind. **Blumen im Winter.** *Floristische Ideen für November bis März. M. Kratz. 2000. 94 S., 56 Farbf. ISBN 3-8001-6772-7.*

Dieses Buch vermittelt anschaulich die wichtigsten Methoden und Handgriffe zum Stecken, Binden und Winden und gibt Anregungen über die herkömmlichen Techniken hinaus. **Blumen stecken und binden.** *G. Granow. 1999. 190 Seiten, 54 Farbf., 44 Zeichn. ISBN 3-8001-6904-5.*